舞蹈旅程的记忆

一位中国民族民间舞教育者的口述史

总主编/李 续 主 编/邓佑玲

副主编/仝妍

潘志涛◎著

（上）

北京舞蹈学院院庆60周年献礼
新中国舞蹈发展史·舞蹈人物研究丛书
北京市教育委员会科技创新平台资助项目

中央民族大学出版社

图书在版编目（CIP）数据

舞蹈旅程的记忆：一个中国民族民间舞蹈教育者的口述史/潘志涛著.
—北京：中央民族大学出版社，2013.9
ISBN 978 - 7 - 5660 - 0503 - 8

Ⅰ．①舞…　Ⅱ．①潘…　Ⅲ．①潘志涛—回忆录　②民族舞蹈—
舞蹈评论—中国—文集　Ⅳ．①K825.76②J705.2 - 53

中国版本图书馆 CIP 数据核字（2013）第 223762 号

舞蹈旅程的记忆

作　　者	潘志涛	
责任编辑	白立元	
封面设计	魔弹文化	
出 版 者	中央民族大学出版社	
	北京市海淀区中关村南大街 27 号　邮编：100081	
	电话：68472815（发行部）传真：68932751（发行部）	
	68932218（总编室）　　　68932447（办公室）	
发 行 者	全国各地新华书店	
印 刷 厂	北京宏伟双华印刷有限公司	
开　　本	787×1092（毫米）　1/16　印张：20.5	
字　　数	360 千字	
版　　次	2013 年 10 月第 1 版　2013 年 10 月第 1 次印刷	
书　　号	ISBN 978 - 7 - 5660 - 0503 - 8	
定　　价	60.00 元（上、下）	

CCTV舞蹈大赛的评委们

① 2008年8月8日北京奥运会开幕仪式前做演出准备工作
② 与周涛在《舞蹈世界》做节目
③ 第二届CCTV电视舞蹈大赛与陈维亚、刘晶等做点评
④ 与高金素梅在奥运会开幕式仪式前做演出准备工作

与戴爱莲校长

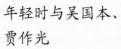年轻时与吴国本、
贾作光

学院结业典礼与苏
联专家伊丽娜

与安徽花鼓灯老
艺人冯国佩、石
金礼

与郜大琨、李正
一等恩师

与李正康、许
淑媖、斯琴塔
日哈

与王伟、唐满城、江青（瑞典）、王佩英

民间舞系赴香港演出，与吕艺生、胡楚南等

与张均老师

与明文军、张继刚

与女儿潘琪儿及台湾著名影星刘松仁

奥运开幕仪式前表演室团队

教授东北秧歌课程

指导学生蒙古族舞蹈

1 朝鲜族长鼓舞示范

2 年轻时参加毛泽东思想
宣传队

3 在菲律宾联欢时的表演

4 与菲律宾中学生

接受景颇族少女的迎宾酒

云南德宏 "目脑纵歌节" 田野调研

1. 与许淑媖、马力学、罗雄岩、刘友兰、贾美娜等教师
在新疆南疆麦盖提采风

2. 与中国民族民间舞系郭磊、田露等老师、学生在四川
茂县采风

3. 在冯嘴子村与明文军等采风学习

与刘建、张晓梅及全体同学于印度

在拉斯维加斯与夫人许文绮、女儿潘琪儿

与赵铁春、周萍、李佳、王斌、刘轰、焦艳丽等老师在商讨中

与民间舞系第一届毕业大学生
与2010、2011、2012级研究生

与2003级毕业研究生闫晶、王书音、龚荣

前　言

新中国的舞蹈事业像共和国其他事业一样，在新中国成立60余年里，国家由弱变强的过程中，同步发展壮大。回顾这个事业走过的历程，可以说历历在目，无论是这个事业的前辈还是后学，他们都为这个事业尽其所有、奉献一切。这个事业今天能够取得如此辉煌的成就，可以说是新中国舞蹈人如盖楼一样，一砖一瓦铸就的，浸透着他们的激情，也留存着他们的奉献。

作为新中国舞蹈事业标杆的北京舞蹈学院也是如此，建校至今从一无所有到现在举世闻名，期间有无数精彩的故事及值得回忆的瞬间。但是当我们回溯历史，在现有的文献史料和档案文库中，只能找到些许学院行政工作历史和一些会议决策文件，当然相关的书刊中或多或少也会提及一些，但总体上存留下来的，就是以学院工作重点或人事机构编制为主体的编年历，或者说历年的大事记和工作规划。这种本着严谨、真实、简练、规范的历史，缺少喜怒哀乐，缺少人文关怀，缺少艺术史所特有的生动。刘少奇同志说过这样一句话"好在历史是人民写的"，这句话也可以这样理解，即"历史应由人民书写"，自然舞蹈的历史也应该是以舞蹈人为书写对象的历史。

"大学，也许可以没有大楼，但一定要有大师。"大师，成为这个时代大学建设的核心标准，作为新中国的舞蹈教育也是如此。真正书写历史的是处在一线的教师、编导、学者，他们培育人才，书写舞蹈历史，所做的一切经历全部是最应该被记录和留存的，现实使多种原因促使这些艺术家常常偏离舞蹈历史的视野。

就拿自己来说，我12岁就来到了这所学校，这所学校培养了我，我也用一生在回报这所学校。古稀之年审视我自己曾经做过的这些事，虽然半个世纪过去了，以前所做的一切，现在想起来其实没有比这更有价值。正因为无数像我一样的老师一生只做跟舞蹈有关的事，坚持得久了也就成就了一番事业。曾经做过的事，都会成为一段记忆或一段历史，站在这个基础上我们可以展望未来，科技发展需要向前看，人文历史则要追根溯源，把过去的事情弄清楚了，现在的工作就会清晰了，未来的发展也就明朗了。

艺术发展有自身的规律，它的运行轨迹常常与政务工作不同，也许当时就是某个人一个微不足道的提法或者做法，却架构了今天舞蹈不同学科的现状发展。例如：全面接受苏联正规舞蹈教育模式，完全支持苏联专家对我国舞蹈教学机制的设计和指导，建构和完善中国的古典舞和民间舞，倡导用戏剧和芭蕾结合的做法建构中国古典舞，用"元素"或"动律"的理念建构中国民族民间舞教材，从壁画文献中建构汉唐古风的中国古典舞蹈，中国民族民间舞可以创作一台自己的作品晚会，等等。虽然这些就是当时某个人的想法或者做法，但是它建构了北京舞蹈学院今天的基业，而这一切与之相关的历史在院志和档案中基本查询不到。

对于历史的记载，我们过于注意会议上的决定，文件的保管，虽然多年来制定的教学大纲和规划都保存下来，但是具体怎么实施，怎么落实，最终的效果如何，这一切在文献中都不会找到。北京舞蹈学院重点学科的发展，也许就是一个人不经意的构想，一个不成熟的做法，最终成为撬动整个学科事业滚滚向前的杠杆。如果把这些人想的事情、做的事情都放在一边不去理会，无疑将是一个很大的损失。

舞蹈是形象艺术也是时间艺术，少有文字记载，许多事情做过了也就做过了，许多值得历史记忆的伟大瞬间，对舞蹈事业发展至关重要的特殊印记，没有被记住自然就流失了，随着许多经历者的衰老、故去，很多历史都成为一个谜团，让现在的许多人百思不得其解。

北京舞蹈学院"'中国当代舞蹈发展史——舞蹈人物信息资源抢救与保护研究项目'，采用各种方式和手段，把对中国当代舞蹈事业发展做出重要贡献的专家、学者的学术思想、工作经验和艺术成就进行一个梳理和记录，建立一个活态的艺术档案，服务今后的舞蹈教学、创作和研究。"这是一个非常有创意、有价值的事情。关注北京舞蹈学院的历史，关注新中国舞蹈的历史，有时就是关注一些有作为的舞蹈者的历史，因为是他们在做着与舞蹈有关的实实在在的事情，而这些实在具体的事情，恰好是推动舞蹈事业蒸蒸日上的奠基石，不能让它在时间中消失，在历史中遗忘。

对于这些人的研究实事求是地说困难重重，这是由舞蹈这个事业特点所决定的。"实践永远走在理论的前面"成为专业舞蹈工作者的共识，舞蹈毕竟不是说出来、写出来的，舞蹈者只关注跳、教、编，不关注说和写的态度，导致这些专家可供查询的资料异常稀缺，特别是他最为光彩鲜亮的那几笔，几乎是无从谈及。用以往实证主义的研究方法去工作将是困难重重，特别是将他们对许多事的态度和真实的感受写出来更是不容易，所以研究需要另辟蹊径。

"口述史"作为一门以搜集和使用口头史料来研究历史的方法，在人类学、社会学、历史学中比较常用，它有三个比较突出的功效："其一，在史料上，口述史能扩大史料的范围，弥补文献史料的不足和印证文献史料的真伪；其二，在史学方法上，口述史提供了一种新的研究方法，或是拓展了历史研究的新视野和领域，或是能更深入地发掘传统史学所无法看到的深层历史；其三，在史学表述方式上，口述史可以更加生动和立体地展现历史。"

因为这些特点，口述史成为一贯只重视主流文化，或者以官方政府行为为主体正史的有效补充，但在某种层面上来说口述史是属于百姓的，恰恰也是最生动、最鲜活、最有特色的，它或许达不到官方文献主流历史书写的状态，但它生动、具体、有血有肉，具有草根阶层的人性意识和人文关怀。现在这个社会讲究公平、公开、公正，所以将口述史作为正史一个有力的补充，这个社会的历史才算是完整的。

如果说北京舞蹈学院的院志正史中，不会具体考虑到一位系主任或一名舞蹈教员的亲身亲历，恰好在口述史中可以体现院志正史中所没有的细节，那个细微的不上台面的细节，恰好就是事物发生转折的关键。只有亲身亲历者做了这件事，才有资格对这件事进行有价值的评说，其中的喜怒哀乐更是这部历史生动、有趣、打动人的根本，这些又构成了反映这段历史真实的品性和品格。

关注个体的同时，我认为我们这些受访者，还需要有一种通过我们这条线挖掘历史、抢救历史、还原历史的责任，例如在访谈我的教学议题时，我会将中国民族民间舞学科许淑媖老师的元素教学法，马力学老师的"龙族动律"以及罗雄岩老师对中国民间舞的理论贡献都要说出来，也要将王连城、李正康、孙龙奎、张继刚等前辈或者后生们对民间舞创作所做出的贡献讲清楚,更要将明文军、郭磊、赵铁春、高镀等这些曾经以及在任的学科带头人,他们对中国民族民间舞学科的贡献道明白。为了这个事业不能由于突出自己,而把前辈或者后生对学科的贡献抹杀忽略。

我一直认为自己在做一个承上启下的工作,这次通过自己的讲述,要把中国民族民间舞学科背后一些默默无闻的事情,一些默默无闻的人都凸显出来,特别是将他们所做的贡献和曾经的光彩,通过我的口述告知世人这些人和这些事的存在,因为他们才是社会的主角,他们才是北京舞蹈学院以及新中国舞蹈事业这所大厦的建设者。

事情是大家做的,成绩也是大家累积的,我们不仅要看到成绩,也要记住做出成绩的人和事,这就是我对这件事的理解,也是我对这本书的期待,我愿意做这样的一个"承上启下"口述者的角色。

潘志涛

2011 年 11 月 19 日

目 录

·上篇　艺术生平访谈·

民族舞蹈长河中的自我足迹

【访谈简介】潘教授您好！这次对您的专访是学院"中国当代舞蹈发展史——舞蹈人物信息资源抢救与保护研究"项目第三批舞蹈人物档案研究的一部分。目的就是采用各种方式和手段，把对中国当代舞蹈事业发展做出重要贡献的专家、学者的学术思想、工作经验和艺术成就进行一个梳理和记录，建立一个活态的艺术档案，服务今后的舞蹈教学、创作和研究。

您作为当代中国知名的舞蹈教育家、评论家、中国民族民间舞学科带头人，培养出来的学生、做出的事迹、取得的成就有目共睹。对您成长的经历、所做、所评、所感的事情，进行一个专访，不仅能填补中国当代舞蹈发展史的空白，您的阅历、经验、思考以及做人的方式、做事的方法相信能给后人诸多的启迪，我们非常荣幸地能采访到您。

欧少琳： 潘教授，您作为中国当代著名的舞蹈教育家、评论家、中国民族民间舞学科带头人，您的一生可谓丰富多彩、成绩斐然，作为一名在舞蹈事业上有着突出贡献的专家，大家对您的成长经历是非常有兴趣的，能否告诉我们，是什么原因促使您走上了舞蹈艺术道路的，作为一个家庭的长子、男性，当时您的家庭允许您学舞蹈吗？

潘志涛： 您太抬举我了，我只是一位老教员。教师是一个能让人成长的非常好的职业。而我的成长离不开父母的培养，更重要的是离不开北京舞蹈学院给予我从内到外、从头至尾的熏染。我还记得我小的时候，身体不太好，非常瘦。那时候的卫生条件和生活条件都不是很好。在我之前曾经也有过一个姐姐，但是由于生活条件、医疗条件等诸多原因夭折了，所以我母亲非常担心我，还好我基本上是无大碍地成长起来了，不足的是曾经得过小儿麻痹症，给后来的舞蹈生涯带来极大的不便。我一条腿发育正常，另一条腿就有问题。我做大跳的时候，可以跳得很高，但是落地时另一条腿需要深蹲就站不稳了，大跳落地直接站稳对我来说是有难度的。

可以说我不是一个理想型的舞蹈人才，但是北京舞蹈学院没有因为我有这样的缺陷而嫌弃我，还把我留下来当教员，这是让我终身感激的。因为在当时的情况，一个能够很好地做示范、人品好、功课好以及其他各方面都能够作为典范的表率型人员才可以留下来当教员。我想学校把我留下不仅是因为我有自己的优点，是因为她赞赏你，给你有成长发挥的空间，而不是只关注你的不利方面和缺点，正因为如此才有今天的我。

欧少琳：北京舞蹈学院给了您这样一个平台，让您能健康地成长，充分地展示，成就了您今天的事业。根据您的介绍，当时您是家里的长子，作为长子，家里对您学习舞蹈有什么看法，或者是怎样的一个契机让您对舞蹈产生了浓厚的兴趣？对于一个年仅12岁的少年，只身一人从上海来到北京，做出了今天这番成就，是什么原因促使这件事发生的？

潘志涛：我们家一共有六个孩子，我是六个孩子中最大的。用上海话来说就是大阿哥，听起来似乎像清朝的称呼。但是实际上我没有起到大哥的作用，我是12岁离开家的，那时候家里就剩下其他的四个兄弟姐妹，后来我来到北京舞蹈学校后，母亲又生下了一个女孩。这样我们家里就完全是三个女孩三个男孩。当时新中国刚刚成立，国泰民安，孩子很多，几乎各家各户都是四五个孩子。我的同班同学家里差不多都是六七个兄弟姐妹，但是当时的学校不多，在我们小学毕业时，选择升初中的学校成了问题。我是家里的长子，母亲当然希望我可以考上中学，她告诉我，你一定要考上中学，如果你没有考上中学，那么等待你的就是这个篮子和这根棍子。她的意思是如果我没有考上中学，就需要去乞讨、要饭了。正因为母亲的吓唬，我便产生了压力。

欧少琳：正是这样朴素的语言，可以体会到作为母亲那种望子成龙的心态。

潘志涛：而我，那时候只要有学校我都会去考。我曾经考过中国戏曲学校，是戏曲音乐科。是打板鼓、拉京胡，但是当时我什么都不知道。有什么学校就考什么学校，这个学校没有考上就换一个学校，我也曾考过番禺路中学。对于北京舞蹈学校，我是在一次偶然的机会，看到了北京舞蹈学院的招生信息，我想去北京，因为中国戏曲学校也是在北京。

欧少琳：正是因为命运中有这样一个神奇的契机，让您进入了舞蹈这个行业中。

潘志涛：当时对舞蹈根本没有什么了解，只是知道在北京有个学校。而且在北京我可以看见天安门，可以看见毛主席。另外最重要的一点便是有一个学校可以让我考，但不曾想自己能考上。

欧少琳：也就是当时在看招生信息时，您对舞蹈为何物还属于迷茫状态。

潘志涛：可以这样说，对舞蹈几乎没有任何了解。只知道舞蹈是像国标这样的舞蹈，在当时称作交际舞，即在舞厅中跳的舞蹈。而这样的舞蹈在现在或者当时，都不能算一种职业或者是专业的舞蹈，当时我的感觉就是这个舞蹈娱乐性强，舞厅可以称之为坏人待的地儿，我学的可能就是坏人常跳的那种舞蹈。当然也感觉到上北京舞蹈学校也许学的是另一种舞蹈，因为小时候我在父亲的工厂里看过一场联欢晚会，他们专门请来专业舞者，跳了新疆舞和《采茶扑蝶》，给我很深的印象，这些大概就是我的舞蹈启蒙吧。实事求是地说当时对于舞蹈是什么，我几乎不知道，我的父母也完全是懵懂的。

等到我上四五年级的时候，家里给我写过一封长信，他们的观点是舞蹈专业即是不开口说话的，从这可以看出我们全家对舞蹈基本上都不太懂。但是对于去不去北京舞蹈学校这个重要问题，家里开过家庭会议，母亲说："多一个人是多了一双筷子，少一个人是少了一份家当。"而父亲的看法是"男儿应该志在四方，需要出去闯闯。"也是由于父亲的这一番话，我最后选择了去北京，我们家附近的街道邻居们都觉得我很了不起的。

我到了北京之后，一下火车就是今天的前门火车站，现在改成了博物馆了。当时我不清楚只要再往前走一段路就是天安门，如果当时知道的话一定会先去天安门再到陶然亭。那时候在陶然亭的北京舞蹈学校，刚刚盖起了一栋四层高的大楼，四层在当时我们的印象里是很高的建筑，因为当时的房屋几乎都是平房，只有舞蹈学校是四层大楼，到现在我们这个年龄段了，再去看的时候觉得四层楼也就跟平房一样了。

欧少琳：在那个时代，小小年纪的您有那样的一个契机看到北京舞蹈学校有这样高的楼房，也是北京舞蹈学校作为新中国成立后的第一所舞蹈学校，因为国家支持，有这样的楼房也不足为奇。

潘志涛：是的，舞蹈学校是1954年成立的，我进校的时间是1956年，学校成立两年后盖起了一栋大楼，而这栋新的大楼正好迎接我们这些新的学生。在我这个年级，学校第一次正式成立了一个七年制的舞剧专业，即民族舞剧专业，这是值得记住的历史。

我毅然决然地来到了北京，其实，家里不是非常理解，他们的想法是家里经济条件困难，走了一个人就少了一份家当，如像铺盖、被褥、鞋子等一些生活用品等。而我的父亲告诉我，如果我有志向、有想法、有理想的话就应该多去闯闯，我也像父亲说的那样做了。在我们家，我可以说是闯出了一番事业，其他的兄弟姐妹也都只是在家里做着自己力所能及的事情。

欧少琳：也正是源于父母对您这样的期待，所以在您的成长道路中，不管是12岁的少年阶段，还是今后的青年时代、中年时代……是什么使您走到了今天的这个位置？

潘志涛：我认为，我生活在一个非常幸福的年代里，虽然有许多的艰难困苦，但我非常知足，因为我可以进入北京舞蹈学校，可以生长在这样的家庭中。虽然这个家庭没有值得炫耀的背景，我的父亲也只是一个小知识分子，但是我以有这样一位聪明的父亲而感到幸福。

我记得我父亲只是一个初中没有毕业的小知识分子，靠自学成才他不但会翻译日文也会英文，他不但在自己的厂子里工作，也时常到大型的外向型企业中进行技术翻译。我母亲也只是小学毕业，在当时也可以算是一个小知识分子，在她的那个年代里，只要识点字都可称之为知识分子。我母亲是街道的支部书记，也是当时我们家唯一的共产党员，她当时在街道当志愿者并且是没有工资。时常半夜有人喊："王大姐，我们家出事了。"母亲就会半夜起床赶过去进行调解和提供帮助，这些都留给我深刻的印象。父母的勤奋和聪慧，以及他们在社会中树立的形象和起到的作用，都为我留下了深刻的印象，对我的成长起着非常重要的作用。

欧少琳：潘教授，我们都知道，您在北京舞蹈学校学习了七年，七年制的中专教育现在只有芭蕾舞专业，中国舞比较少见，您能给我们介绍一下，这七年间您的学习过程，以及主要的课程是什么？对比今天中国舞四年、六年制教育，您认为七年制教育的优势和不足是什么？

潘志涛：当时北京舞蹈学校对我们的教学设计，可以把它分为两个时间段：第一个时间段即刚入学的时期，各种舞种知识都要学，而第二个时间段即我入学一年多以后，教学开始分科，这是因为出于当时教育的思考，为了减轻学生的学习压力以及有针对性地培养各类人才，国内的东西和国外的东西要分开来学习，需要保持各自的特点，所以芭蕾和民族舞也就分开了。而对于分科之前的课程学习我的印象极为深刻，当时我们不仅要学习中国舞、芭蕾舞、代表性民间舞（性格舞）、民间舞，甚至教学法等相关课程也要学习。那时候从早到晚都是课，内容还是学不完。到了分科分专业学习后，我们需要上的专业课，除了基本功、武功（即毯子功翻跟头课程）、民间舞课以及实习剧目课外，就不学习芭蕾舞的知识内容了。当时的课程给我印象最深的就是实习剧目课，那时候我们学习了很多的剧目，也经常和高年级的学生一起在舞台上演出。

欧少琳：七年，具体是哪一年将之分为民科和芭科？

潘志涛：二年级还是三年级，应该是二年级（1957年下半年）。

欧少琳：也就是当时所有进校的同学在第一阶段时都处在同一个学习平台？

潘志涛：那个时候不叫作平台课，也未曾想过会分科，以为会一直这样上下去，到了后来的"土到家，洋到底"颁布后就必须分开，而这样分开使得之前和我一个班的在舞剧《白毛女》中饰演杨白老的演员，以及《红色娘子军》饰演吴清华的演员，跟我们分开了转向学习芭蕾。演《草原儿女》的女一号，和我们一起学习了民族舞，记得到了二年级的时候，学习中国舞的就完全是古典舞、武功课以及排练中国的舞蹈剧目了。

欧少琳：您介绍当时您从早上一直练舞到晚上，这样的课程与今天北京舞蹈学院中专的四年制、六年制的教育有何异同点？例如是否都需要早晨五六点钟练早功、基训？

潘志涛：几乎没有什么变化，这个优秀的传统一直保持到了现在，而现在较以前相比课程多了很多。我们那个时候中午是有午休的时间，现在没有午休从早上到半夜，从头到尾都在练舞，这样的情况在我们当时没有出现。当时保持到现在的优秀传统是勤学苦练，就是深入到底地完成，从不半途而废，所谓"台上一分钟，台下十年功"，这成为今天北京舞蹈学院的优秀传统，保持到现在五六十年都没有变过。

欧少琳：我记得您介绍 1956 年同时进校的有 12 个男孩和 12 个女孩，进校的第二年还是第三年（即 1957 年）左右分成了芭科和民科。当时有些孩子选择接受了芭蕾舞教育，像您这样兴趣广泛的一个人，为什么会选择民族舞呢？

潘志涛：其实刚开始分科的时候，我被分到芭科，我现在身上还存留着一丝丝芭蕾的感觉，就是身材胖了一些。那个时候我身材高挑，还是符合跳芭蕾的条件，只是我自己喜欢打把子、翻跟头，不喜欢芭蕾舞托举那一套，这些原因导致我选择了民族舞。

欧少琳：看来您从小就深深热爱中国本土文化。

潘志涛：是的，等我长大了因为身体情况的限制，我不再适合翻跟头也不适合做技术技巧，我适合做表演。在我毕业时，毕业考试表演《梁祝》组合，我一个人几乎跳了十几分钟，这在北京舞蹈学校的历史上是没有过的。今天一般的组合都只是一两分钟，三四分钟就算好上加好的，我一个人跳十几分钟，那是一牛气，刚故世不久的王佩英老师当时看了我跳的《梁祝》，她落泪了，我记得在我舞蹈时，我能跳得感动人，能使人落泪。

欧少琳：完全可以想象得到，在生活中您的言谈举止，就像在舞台一样表演，有着许多神采飞扬的瞬间，生活中都能感染人，舞台上您一定更加与众不同。

潘志涛：我擅长饰演各种不同的角色，不管是好人、坏人、洋人、中国人，我都曾经饰演过，20 岁时我演过东郭先生，现在看留下来的剧照都惟妙惟肖的。

欧少琳：我记得在北京舞蹈学院博物馆里，看到过那张照片。

潘志涛：当时尽管细胳膊细腿的，但是表演出来后的架势，还是有东郭先生老头的样子。

欧少琳：小时候您的表演才能，一直是可以展现无遗的吧？

潘志涛：那是，北京舞蹈学校在你很小的时候，就给了你充分上舞台实践的机会，舞台实践在当时的情况下受到非常的重视。记得我第一次演出是在离北京舞蹈学院不远的友谊宾馆里的苏联中学，1 月到 11 月或者是到了圣诞节这天，学校就去苏联中学给苏联的小朋友们表演。

欧少琳：那个时候您几岁？

潘志涛：12岁多一点，不到13岁，演出的剧目是《乌克兰》。第一天演出，也是第一次，非常紧张，站在侧幕条里面，忐忑不安、不知所措，上场连第一个动作都忘记了，现在想起来都可笑，就是这样慢慢地从紧张到不紧张，我的表演能力直线上升。

小的时候我还演过《少年爱国者》，讲述的是一个勇敢的小孩，看见一个鬼鬼祟祟的人不像是好人，他想尽办法把他腰间的枪拔出来，但是我演到最后，本来是需要用枪逼着他，结果一紧张枪掉到了乐池中，我只能拿手当枪，当时台上台下笑翻了，其实就是这样的一个成长过程，从不会到会，从错误到正确，舞蹈演员成长的道路就是这样的。所以后来点评舞蹈剧目《宝宝会走了》，其中的两个动作，一个是摔倒，另一个是想尽办法站起来，之后嘟嘟地走了。4岁的孩子演1岁孩子的特征，我对这个剧目给了非常高的评价，因为人生就是如此，不断跌倒后不断爬起学会走路，这个剧目好就好在有人生哲理性。

欧少琳：您总是能够从很浅显的生活常识中感悟出人生哲理，而这正是值得我们后辈学习的地方。在您中专学习教育的历程中带给您最大的收益是什么，您觉得不足之处又是什么？

潘志涛：这七年对于我来说遗憾的就是文凭，直到现在我都觉得惭愧。即我只有中专的文凭却在学校里当教授，但是后来我将自己与郭沫若和鲁迅比较，也觉得不惭愧了，因为他们甚至可能没有文凭。毛主席在当时的湖南第一师范学院学习，学历估计也就是中专文凭，但不妨碍他成为伟大的词人、革命家、战略家，所以关键不在文凭，关键在于日后，自己如何积累知识运用知识，能够发挥自己的实践能力，这是最重要的。

北京舞蹈学校给予我是表演上的实践经验，特别是给了我非常扎实的基本功，虽然我身体有缺陷，但是上课时把上的动作和中间的控制、软开度的练习我都可以完成，只是在做大跳和一些特殊技巧时会显得能力不足。教学中不管是搬腿、踢腿、下腰或者是做控制以及串翻身这些技术技巧都没问题。有一年CCTV舞蹈大赛闭幕式和周洁一起演出的《小刀会》弓舞片段，摆出来的架势基本上可以体现出我过去扎实的基本功。

欧少琳：无论表演专业还是教育专业的孩子，其实更多的时候他们也都应该有一些舞台表演的经历，这样不仅能丰富自己的表演还能丰富自己的教学，您那个时候学校是怎样设计你们的表演实践课程的呢？

潘志涛：我觉得自己是非常有福气的。其实不是每个人都像我们这个班级或者像我们这样有表演的平台和机会，然而当时的学校给了我们各种上台表演的机会。例如我当时在群舞《鱼美人》中演了一个重要的角色，也就两个动作，第一就是告诉猎人那个人有阴谋，给猎人指明正确的方向；第二就是在舞剧落幕时，我和另一个同学将两边的大幕一点点地拉上，之后再扒开大幕露出个脑袋告诉观众"嘘，里头正在洞房花烛夜，安静。"即便只有这两个场景，但这样的机会不是每个人都有的，而我很荣幸地被选上了。

从小到大，一直到毕业考试的时候我都是主要演员，例如演岳飞拿着剑跳《满江红》舞蹈，我的剑练得算好的，舞剑的时候，不是看剑刃而是看剑尖，同时剑舞得漂亮还要看手腕，特别是剑穗儿也需要练习，而我练得也不错，后来在《梁祝》的表演中都用上了。

现在从教育理念上，我认为都应该"有教无类"，应该给每个孩子同样受教育的机会。但是具体教育的时候应该"因材施教"，我认为"因材施教"是相对公平的，给予每个孩子属于他们自己的教育机会和平台，这样呈现出的便是公平教育的一种状态，而且也符合教育规律的一种做法。

欧少琳：可以说孔子"有教无类"的思想教育，一直在北京舞蹈学院教育过程中一以贯之地延续着，这在您身上得到很好的体现。

潘志涛：虽然我只是拿到了北京舞蹈学校的中专文凭，但是我一直从教。从1963年开始到现在，没有一年不是在舞蹈课堂度过的。也可以这么说，这些在课堂度过的时间便是我的大学，课堂是我整个人生汲取养分很重要的部分，我对学生、专业的了解都是通过课堂教学，是在教学互动实践中积累经验慢慢成为舞蹈方面专家的。

欧少琳：那个时候，包括目前北京舞蹈学院的舞蹈教育只有芭蕾专业有七年制中专教育，对比您当时学的民族舞教育，这两者有何共同点？

潘志涛：都是有异同点的，其实我们从芭蕾舞里汲取了大量的养料，尤其是我们自己的训练体系，例如延伸、挺拔、开、绷、直、立等。当时有一个观点，即总是认为芭蕾舞动作是最优雅的，在中国舞蹈教育里芭蕾舞审美沁透人心，使得每个人对动作的认知都发生了变化，芭蕾舞对我们影响太深，或者说包括现代舞，还有其他外国的东西对我们本土文化的影响，致使我们欠缺对本土文化自身发展的考虑，即对于我们中国舞蹈自身的韵律和自身的审美特点的考虑。

例如曹雪芹，他笔下的薛宝钗是中国特色的，而林黛玉却像芭蕾中的吉赛尔。从这就可以看出中国人喜欢的是能够兴旺家业，把家庭和谐成长作为美的最高象征，而不是病怏怏的美。中国舞蹈的发展过程也逐渐意识到这些问题，中国的舞蹈是从无到有，从初级到现在的壮大、繁荣，这应该说和中国崛起的步调和状态是一致的。我们的身上也会有一种责任感，或者是崛起的一种决心和信心，当我们的教师们不顾一切地把一辈子献给舞蹈事业时，我们选择走什么样的路，思考取什么样的经也很重要。

欧少琳：从少年到晚年时期，您其实还是很幸福的。在这样一个个成长阶段，您和您的同学亦师亦友，您和他们一起共处这几十年，是否共同回顾过曾经一起学习的那个时期，您和他们聊过他们喜好的课程吗？

潘志涛：聊过，喜好的当然是剧目课，因为剧目课没有那么枯燥，有表演有人物的刻画，而且剧目最后是为了舞台演出做准备的，当大幕一拉开，灯光打在你的身上，观众的视线自然都集中在你身上，这时人就会变得很兴奋，你所有的表演潜能一瞬间也都激发出来了。台上一分钟，台下十年功，这种分分秒秒的激动，都是需要十年默默无闻地积淀和付出的。当然练基本功时就要克服枯燥，如我认为最难受的是压腿，现在只是轻松地压，以前需要腿和身体贴紧耗很长时间，那种感觉就像无数的蚂蚁在身上爬，但是你必须坚持住。还有倒立需要坚持10分钟以上，才能够训练出相应的力量，把握住上身和下身的控制能力，当然这些训练都是相当枯燥、有兴趣的东西，肯定是不受苦还能在舞台表演让别人记忆犹新的东西。

其实在北京舞蹈学校的学习是丰富多彩的，当然也有喜怒哀乐，回顾起来那些都是充满欢乐和激情。在那七年中学到了些什么，具体的事情现在是根本记不住，五十多年过去了，但是能记住的也是学校给的最重要的就是精神和方法，因为学校最强调的是理论和实践，而且舞者一定要有真东西，我们不像音乐能够假唱放录音，我们必须坚持言传身授，年纪再大也没办法，舞蹈示范也得做出一些样子。

欧少琳：有了这个认识，舞蹈示范时肢体的韵律、眼睛的视线，手、眼、身、步的表现都大不一样。

潘志涛: 对,舞蹈示范是很重要的,舞蹈是真情实感的,舞蹈教育我们,做人做事都不能掺假。现在的社会是浮躁的或者让你缺乏信任感,但是在北京舞蹈学院,在舞蹈事业中,它给予我的真情实感多于浮躁的虚华,或者说是投机取巧的事物,致使今天我们仍然追求着一片真、善、美的绿洲,我认为这才是学校给予我们最好的课程。

欧少琳: 一个人的成长离不开培育自己的老师,您也一样,您今天能做出如此成就,可见当年培养您的老师对您付出的心血和关爱,您能给我们介绍一些对您有深刻影响的教师吗?

潘志涛: 我感谢学校给予我的这一切,北京舞蹈学校不仅是一栋大楼,它有着许多大师级的教师。这些教师中给我印象最深刻的是我的启蒙老师郜大琨,他现在已故世。可以这样说,他将自己的一生全部奉献给了舞蹈事业,尽管他的后半生一直是在国外。郜老师给我印象最深刻的不仅是他教了我踢腿、压腿,也不仅是他的严格。

我记得,他给我印象最深刻的是我们刚入学要开始上课的前一天晚上,他来我们宿舍看我们。那时候我们没有宿舍楼,住在空课教室里,一间大教室摆着无数张单人床,我们一个个坐着的坐着,躺着的躺着。郜老师进来了,但是我们还不认识他,他是学校高班的毕业生。1954 年建校,1956 年郜老师刚毕业就留在学校当基训老师,那时候我们才十二三岁,而他也就比我们大五六岁。他背着手,问每个同学叫什么名字,从哪里来。若干年后我见到郜老师,他还能想起第一次见到我时,我看着妈妈给我做的一双布鞋,说"这就是慈母手中线啊!"的场景。第二天开始上课,使我们惊讶的是,郜老师能够说出我们 12 个孩子的名字来,这一件事影响了我一生对于教育的做法,即我力求自己把我每一个学生的名字都要记下来,因为正确喊出学生的名字就是对他的一种尊重。郜老师就是这样的一个老师,他的故事很多,他的这一生对我来说都是一种促进、一种示范。

郜老师擅长教低年级和中年级,因为他的努力、钻研以及有原则性、宁折不曲的为人,使得李正一老师非常看重他。他曾跳过《鱼美人》,被誉为是钢铁人,即浑身都是力量。他在舞蹈上的真实也是源于他的严格,那个时候的教学还不完善,更是需要严格的要求。

　　若干年后，大概是"文化大革命"结束后，他去了加拿大。那时我到西雅图找我的学生李恒达，他听说后马上开车从温哥华到西雅图来找我们，见面时特别激动，还喝了些小酒。第二天一早，我下楼时老先生端坐在客厅，茶杯下搁着一百元加币，告诉我这是给孩子买糖果的钱，从这些细节可以体现郜老师严谨的态度和为人处世的真实。老师们给我的关爱和爱护，在我自己的教学过程中也产生了影响，他们的做法也让我对我的教学方式方法有了一定的思考。

　　还有一位启蒙老师是我的班主任语文老师许传华，因为那时候的班主任都是文化课教师，他现在已经退休了住在芜湖。去年我到东莞讲课，他的儿子也正好住在广州，一家子特地到东莞见我，一起吃饭。许传华老师教会了我怎样成为一个博览群书、涉猎各个方面文化的艺术家、舞蹈者，从他那里我还学会了读书不求甚解。一般读书总是一字一句，从头看到尾，但是他教我们看书需要看的是你自己有兴趣，而且是有用的地方，没有兴趣的可以暂时忽略不计。在他的文化课中，答题是否正确不说，他似乎更看中的是你的答题是否有错别字，错一个字扣两分，从小到大，就是因为他的严格要求我到现在写东西几乎没有错别字，而且我能够认认真真地做一件事情也是和他有关系。

　　记得那时候的我调皮，在晚自习课堂上十分活跃，总是坐不住，老师拿我没办法就吓唬我，当时他把我叫到办公室，给我看了自己那草草的作业本，让我卷铺盖回家，同学们知道后都为我求情，我自己也吓坏了。这一下让我永远都记住了作业需要完成，能够马上完成的事情绝对不会推迟到明天。例如最近看专家的课以后需要写点评，5 天之内我写了 38 份，尽管我还有其他的事情要做，但是我知道再忙这些事情也不能推迟，这就是许老师严格的要求让我成长、受益匪浅。实事求是地说今天我的知识量，都是从那时候学会看书慢慢积累而来的。在学校，有各种各样的老师，有的老师在专业上给了你很多，有的老师则能让你厚积薄发。

　　在我的成长过程中有这样的一位老师叫做王元麟，他得骨癌去世了。老师战胜骨癌的精神让我佩服至极，他做人、做事、写文章、做学问的态度也值得我学习终身，他也是给了我无数珍贵财富的一位老师。记得当时没有电视，连看报纸也只能是一星期一次，平常功课忙碌和社会几乎没有怎么接触，虽然我在北京待了很多年但是说话还夹杂着上海口音,是因为那时我们班整个小团体都是从上海来的,我们经常在一起,算是个上海小社会,与北京同学以及北京社会没有什么接触,七年中基本上是独立的一个小社会,自然对于社会上的事情全不了解。

那时的王元麟老师告诉我们自由、平等、博爱,对当时社会上大肆宣扬的"三面红旗"也提出了自己的看法,他认为至少一面红旗是成问题的,因为人民公社是吃大锅饭,大家不干活还白吃饭,社会是会出问题的,事实也是。1958年以后真的饿死了很多人。现在回过头想想他告诉了我们很多对社会的看法,当时觉得他很有问题,回过头想想他是对的,其实我们确实需要以一种实事求是的态度对待社会、对待历史。老师写过一篇论文叫《笑是什么》,笑到底是什么?他从笑中找到了美学依据,他提出动物是不会笑的,它们开心的时候无非是龇牙咧嘴地咿咿呀呀,它们不像我们会微笑、大笑,甚至还可能有痛苦的笑,他从笑中悟出了人不同于动物的本性,写出了关于美的论文,在当时那是非常前卫的。

受他的影响,我渐渐开始从简单的事情思考和反思,我的字也开始写得端端正正,也通过笑是什么这个问题来反思舞蹈从哪里来到哪里去,我们完成的舞蹈最终是一个追求美的过程,是真善美的理想。老师的为人也是这样,他也会在我们困难的时候提供帮助,虽然他已故世好几年,他送给我的书一直摆在书架上,看了这本书就想到了,他给予你的不只是人类的智慧,更多的是老师的师德和尊严。

前几天在研讨会上,我还提起了当时我的毕业班基训老师朱清渊老师,他听了我的一段话很是惊讶。记得我刚毕业留校当老师的那会儿,我母亲即去世了,由我的父亲管着我们这六个孩子。我刚刚毕业而他们都还在上海,父亲想要将母亲的遗像画成大照片但这需要很多费用,知道这个情况后,朱老师拿着照片帮我定制了母亲的肖像,这幅画像至今仍然挂在我家墙上,舞蹈学校的教师们都是如此对待学生。

等到我当老师的时候对我影响最深的是马力学老师,他比我大五六岁,即他将要毕业那年我刚刚入校,他一直带着我们。刘友兰、陈爱莲、王佩英老师都是和他一个班的,当时我们这些小孩演《少年爱国者》等这些剧目时,他们演的是《游春》等成熟适合他们年龄段的剧目。马老师在我进北京舞蹈学校科研室时，就是民间舞的教研组副组长，那个时候年轻教员的宿舍是一个屋子四个床铺，每个人在一个角落。晚自习过后我们会一直聊天到两三点，第二天照样五六点起床练早功，我们会谈谈工作和苦恼，也会谈起马老师的共产主义恋爱观。

记得当时马老师负责学校的整个板报宣传，当时的技术不发达，他亲自动手画好几天将墙报做好，再将这一个月或者一星期的稿件用手写在上面，他是主编辑，让我作为他的帮手，在这我也向他学习了对社会的奉献精神和他的恋爱观，我就在这些老师的呵护下成长。当时的年轻教员喜欢听他人对自己的看法，经常会问别人是否看了自己上的课，认为自己的表现怎样等诸如此类的问题。那时候的我既不是党员也不是先进分子，但是我有一颗好胜的心，马老师、刘老师他们都给予我很多帮助。我记得马老师和沈宁春老师他们夫妇就像父母亲一样，看到我的被褥裂开后，会帮我去挑床单买被套，当然他们还会教我如何上课，而且在点评的时候，时常表扬我，这激发了我对专业无限的热情。

还有一个重要的老师，就是我们的老校长，她是延安的老干部。1938年为了打倒日本帝国主义，一些有志青年在延安，为新中国付出自己的青春力量，她就是其中一员。陈锦清校长是一个很儒雅的知识女性，是我们心中的典范。记得去年纪念陈校长诞辰90周年，学院专门做了一个陈校长的塑像，准备找个合适的时间、合适的地方给竖起来。她是一个值得北京舞蹈学院世代记住的人，可以说陈校长每次报告，或者说她的每个思考，整个做法都渗透在今天北京舞蹈学院的每堂课中。

我知道自己受到陈校长的关注是在"文化大革命"时期，当时造反派把她的日记抄出来，在检讨批斗中知道了她的日记中提到我，这让我知道了看来很严肃的陈校长，其实是一直注意到每一位孩子的成长。记得陈校长曾说我是一个多才多艺的孩子，她的一位老战友在做越剧的改革，进行新尝试，她觉得我的嗓音不错又是江浙一带的人，让我去试试，但是我拒绝了，因为我热爱舞蹈，陈校长尊重了我的选择。这一点我要感谢陈校长，因为她尊重我的选择和意愿，使得我能为中国民族民间舞作出自己的贡献。今天她走了，去另外一个世界了，也许还会存有遗憾。虽然当时的北京舞蹈学校不大，但是像陈校长这样可以叫出别人的名字，知道他的爱好、特点和表演过的节目，并一直都历历在目的老师真不少，北京舞蹈学校就像是一个大家庭，对每个人的影响都是从少年到青年一直到整个一生。

我还必须提起的一个人是戴爱莲戴校长，她也是几年前故世的。她是芭蕾舞在中国的开创者之一，但是实际上她最大的贡献我觉得是在中国民族民间舞上，她只要看见我们就会说："让我们发挥专业舞者自己的力量，带动人民和我们一起舞蹈。"记得她给我们上拉班舞谱的课，我是一个淘气的学生，老给戴校长出难题。因为拉班舞谱很繁琐还分上下左右，又需要画很多符号，当时我问戴校长飞脚怎样拉班法，能否为我们示范一下？当时给她气得够呛，但自此之后她就记住我了，据说在她的传记中，也提到潘志涛等人是不相信拉班舞谱的。我现在回想起来，芭蕾舞、现代舞之所以可以成为世界大学里的一个主要课程，不仅因为它能够训练学生，更重要的是有拉班舞谱，能够及时记录、快速普及，事实上拉班舞谱是一个科学的体系，现在想想挺对不起戴先生的，就不应该在课上捣乱。

印象深刻的还有许淑媖老师，她也是前几年故世的，她在专业上特别有建树。她对民间舞蹈的定义是这样的："不仅在过去被认可，而且现在还在继续着的，有民族性和地域性特点，最重要的是老百姓自己创造，自己跳舞自己传承的这样一种舞蹈。"这个概念至今还产生重要影响。她对中国民族民间舞学科的贡献是，带领我们学习、整理、加工教材，并进一步将这些教材内容提升到舞台上展演，她是一位有着突出贡献的老师。我的专业课是由李正康老师教的，不是由许淑媖老师直接教的，可我毕业后许淑媖老师作为学科带头人，"文化大革命"后带着我们上进修课，领着我们田野采风，我专业上的提高和她的帮助是分不开的。我印象中许淑媖老师是我这一生中碰到的非常热爱自己专业的一位老师，直到现在我们还沿着她所做的事情继续探索前行，她提出的"元素教学法"，今天仍然沿用并持续地完善。她对民间舞教学的认识，教材提炼的方法，学科的建设一直是我们的宝贵财富。

另一位非常重要的老师就是李正一老师，她是和我有直接关系的老师，因为我从普通教员成为系主任，一个最主要的原因就是有李正一老师，因为是她主持的民主选举使我成为系主任。现在回想，李老师太有魄力和信心了，敢将这么重要的事情交给一个从未尝试过当领导的年轻教员。

那个时候的李正一老师五十岁上下，还算年轻，我想她也许认为我是一个有理想或者是有信心，可以把事情做好的一个人，是否我真的可以胜任这些工作估计当时她也没底。我做的第一件大事是"桃李杯"，如果没有李正一老师的支持和坚持，根本是办不起来的，因为当时她是学院院长，她的支持很重要。李正一老师在中国舞方面尤其是古典舞方面有着开创性的贡献，她不拘一格降人才的做法也让我永生难忘。这些老师给予我的一切我都不会忘记的，包括我的民间舞启蒙老师罗雄岩老师，他给予我的就是他作为舞者写的《中国民间舞蹈文化》那厚厚的一本书，这对中国民间舞的发展非常重要，如果没有学术理论的支撑，民间舞成为独立学科的合法性也就不存在了。

欧少琳：1984年，北京舞蹈学院首次通过民主选举的办法评选中层干部，您参加竞选并且以超半数的优势，荣任中国舞系主任。对您来说，这是一段非常难忘的经历，能否给我们讲讲当时竞选的经过，以及第一次当领导，您的核心举措是什么，是怎样团结教师队伍并做出一些不同以往的成绩的。

潘志涛：从一个普通教员直接当领导，这算是一个奇迹，北京舞蹈学院这样的情况可能也不多。那时李正一老师刚刚当院长，她有一些想法但是不想惊动大家，或者说她已经有指定的人选或者是学科带头人了。中国舞系成立之前，学院有很多部门，如中国民族舞表演系、中国民族舞教育系、民族舞专业科（中专）、芭蕾舞专业科（中专）、民乐队（中专），还有舞蹈团和研究所、研究室，等等，但主要的教学专业学科也只有两个，一个是芭蕾舞，另一个是中国舞，当时的大、中专芭蕾舞专业学生加起来有几十名，中国舞学生大约有300名，全院上下教师也差不多300名。

中国舞当时是学校最大的教学单位，除专业课教师外，还包括三四十位乐队老师。李正一院长当时只是想在这些本来在岗的副系主任和系主任当中用民主的方式选一个主任，当时列出的名单中本应有六个人，却不曾想到我是那特殊的第七个，这事太出乎大家意料了。

学院党委会最后决定这七个人都进入最后的竞选，在这七个人中选一个，竞选准备给我的时间大概也就两天，不但要准备讲稿还要即席发言。我躺在家中的地毯上望着天花板思考了两天，终于写出两页纸的竞选提纲，当然在这当中我询问了我的发小蒋华轩老师。

蒋华轩是我最亲近的一位同学，我们是一起进北京舞蹈学校的，一起留校当教员，之后他调到总政歌舞团了，我找他的时候他已经在总政了。我告诉了他这个情况，当时我没有任何思想准备，我到底是该参加还是放弃。他告诉我这是一个好机会，既然大家相信你就应该参加，他是一个愿意激励人的人。作为发小，他对我的影响很大，特别是"文化大革命"时，他顶住工作组的压力追求真和实，给我的印象太深了，我认为他是一个正派的人，我从他那里得到坚强的信念，是他给了我参选的信心。

我记得当时我提出，如果选我，第一我争取在最短的时间内提高大家的工资；第二我告诉大家自己没有当过干部，只做过半年的工会小组长，发过电影票，所有从政经历也不过如此；第三如果选我，将由我来决定和我一起搭班子的同志。那个时候有种意气风发的感觉，而且当时觉得自己非常有魄力，竞选成功后很多人传言我拉选票，对于这些事情我自己也不知道，为什么最终的结果是这样。过了很长时间才知道，其他六个人的票数都没有过半，这也大大出乎我的意料，因为其他的六位都是我的老师，都教过我，过去也都是我的领导，他们落选使我感到很诧异。

那时我的心情很复杂，我想的就是如何组建班子，而且我想到的第一个可以和我合作的搭档人是钢琴伴奏老师韦奈。他也是一位能让人大吃一惊的人物，他作为钢琴伴奏老师在学院不是主流，而且他还是一位年轻教师，结果最终我们一个成为主任，一个是副主任。除了我们俩之外我认为还需要一个稳重或者说是保守一些的副主任，最初我选择我的启蒙老师部大琨老师，不只是三顾茅庐，找了多次请求他帮助我，他说他支持我但是不愿做我的副手。最终我找了熊家泰老师，他是一位稳重的老师，同时也选了一个一直都关注我的任羽老师，现在已故世了。这样我们的领导班子就有两个相对稳重年纪也大一些的老师，建立这样稳妥的构架后我还选了几个年轻人，一个是现在学院的李续院长作为我们的教学秘书，另一位是现在对外合作交流中心的张平主任，还有一位是科研所的矫立森老师作为我们的业务秘书，这样我们的班子便建立起来了，上报学院党委立刻通过。

欧少琳：我们知道您在任中国舞系主任的时候策划发起了一个比赛，那就是今天享誉盛名的"桃李杯舞蹈比赛"，作为当时的策划与发起人，是什么动机促使您和您的同事办了这个比赛？当时是如何组织实施的？同时也希望您能谈谈"桃李杯"舞蹈比赛对新中国舞蹈事业发展的影响？"桃李杯舞蹈比赛"举办到今天您对它的期待是什么？它还有哪些需要完善改进的地方？

潘志涛：那个时候我家住在劲松，上课是在陶然亭，而且那时只有自行车，上下班时金鱼池这条路弯弯曲曲还很拥挤，卡车、公交车疾驰而过，当时的工作压力很大，我有一种期望一场交通事故把我带走的打算，在这些压力逼迫下你必须想办法让事业出现一些转机。

最大的转机就是我突然想出一个主意，就是现在大家知道的"桃李杯"，因为我需要将大家团结起来，我是中国舞系的主任，必须将重心放在中国舞系的问题上，只有将大家的积极性和注意力以至追求聚拢在一起，这样才有出路，这个才是正道。

最初做事没有方向，但是芭蕾舞比赛给了我很大的启发，国际芭蕾舞比赛，他们有双人舞、coda（男女穿插的技巧）、独舞和变奏，等等。体操也是一项项进行比赛，最终检验出选手水平的高低。我的想法就是通过一场比赛将大家的积极性调动起来，其次就是比赛需要一轮一轮地进行，这样才富有挑战性。

最初的比赛规定，选手必须在以前得奖剧目中选一个剧目，同时再准备一个新创作的剧目，这样比赛必须跳两个剧目。当然比赛不只是剧目比赛，还需要有基本功控制组合和技巧组合的展示，另外还需要加一个民间舞自选组合。现在解放军艺术学院舞蹈系主任刘敏，当时比赛时还只是个小女孩，她现在都是将军了，她曾对我说没有什么比赛比"桃李杯"更加困难的了，事实也如此，而且这些比赛内容都需要大量时间练习。

最初的比赛还有一个亮点，就是决赛的时候中央电视台直播，直播时直接亮分，当时去掉一个最高分和去掉一个最低分之后取平均分的做法，都是从艺术体操那里学来的。1984 年策划的"桃李杯"在 1985 年一炮走红，当时的北京舞蹈学院、民族歌舞团、解放军艺术学院都有自己的剧场，我们就在自己的剧场中比赛，地方不大，通风效果也不理想，决赛时还下着大雨，就这样还是挤满了人，当时我最大的想法就是需要注意安全。最初参加"桃李杯舞蹈比赛"的学校，除了北京舞蹈学院之外，我们还邀请了解放军艺术学院、中央民族学院、上海舞蹈学校、广东舞蹈学校、四川舞蹈学校、沈阳音乐学院舞蹈系共七家单位，由这七所院校共同发起"桃李杯舞蹈比赛"，好几届"桃李杯"比赛这几所院校被放在同一组别，被称为最高级别甲 A 赛事。当然比赛办得很成功，烘托了中国舞的繁荣发展，慢慢形成了今天中国古典舞和中国民族民间舞学科建设的构架，"桃李杯"成功了，我也就跟着成功了。

欧少琳：您提到了"桃李杯"，我想知道"桃李杯"这个名称是怎么来的。

潘志涛：想法有了之后我想到了一个舞蹈叫《红绸舞》，那是戴爱莲校长的作品。这个作品经过俄罗斯"莫伊赛耶夫"（俄罗斯莫伊赛耶夫国立民间舞团艺术指导）的指导后，编得很漂亮而且属于中国舞的范畴很具有代表性，中国歌舞团也是因为这个剧目走遍世界，所以刚开始想称之为"红绸杯"的。

当时我将"桃李杯"的想法和唐满城老师谈了。唐满城老师是一位儒雅的老先生，在我印象中他是学院教授中最有亲和力的老师，唐老师有想法、会教课也很会和大家说笑，很可惜现在也故世了，是北京舞蹈学院的极大损失。记得为了这件事我专门拜会他，在聊天的时候告诉了他我的想法，即举办比赛的目的是将中国舞系团结起来，比赛叫"红绸杯"……

听了我的想法唐老师提出了自己的看法，现在想起来还是老先生看得比较全面。他认为中国舞不仅只是民间舞，也应该考虑到古典舞，而且在我们的主流思想中，舞蹈的最高形式是舞剧，所以他认为《红绸舞》范围太狭窄了。他问了我比赛的目的、想法和亮点是什么，我告诉他亮点是"学生得奖的同时教师也得奖"，这在中国甚至世界上都不曾有过的，通过这个比赛成就了学生也肯定了教师的价值，他听完我的想法后认为比赛名称应该改为"桃李杯"，桃李即桃李满天下，这突出了学生也强调了老师，听了唐老师的意见后大家都赞同，对此"桃李杯"这个名字就一直保留到现在。

比赛策划我将古典舞比赛这一任务交给了熊家泰老师，让他来思考比赛细节，例如古典舞中的技巧占多少分值，等等，这些都是具体的学术问题，控制组合和跳转翻组合中细致的东西也有很多，例如"飞脚"、"蛮子"做几个，"跨腿转"要转多少圈、"串翻身"是斜线还是直线，等等。最初规则的制订都是先由熊老师拿出草案，经过大家集体讨论最终确定，再由熊老师全权负责文字和方案撰稿拟定。民间舞则是由邱友仁老师负责的。到后来李正一老师当评委会主席时，她的身边专门有人帮她数着"平转"多少圈、"串翻身"多少个。当时评分也是很困难的，当然节目本身是很精彩的，因为太精彩当李老师问选手转了几圈，旁边的人因为也被吸引住了没有一个能回答出来，想想也是，技巧只不过就是一个小插曲，重要的是"桃李杯"比赛涌现了一大批优秀的作品、人才、教员和编导。

刚才我提到了首次"桃李杯"比赛的那些天北京都在下雨，但是全北京的文艺工作者、舞蹈工作者，尤其是那些憋了很久没有见过真正舞蹈的艺术工作者们全都聚拢在"桃李杯"比赛现场，场面壮观热闹！

在这里我还要提到的一位是明文军，现在是我们学院的副院长，那时候他还是一个小青年，他主动要求参与"桃李杯"的工作，于是我们将他分配到了舞台灯光组打追光。打追光最危险，在高空中的天花板阁楼里不仅最热也是最脏的区域，一天从早到晚的打追光，他就这样从早到晚一不叫苦二不叫累地工作，当时没有风扇更不用说空调了，他还能够坚持下来，今天他成为学院的副院长，负责一大摊事情，我就不感到意外。就是通过"桃李杯"，渐渐地出现了一大批舞蹈人才、优秀教员、舞蹈编导以及产生了一批管理人员，这些人后来不仅是北京舞蹈学院的骨干，更是中国舞蹈界的骨干。更出乎意料的是，还带动了一批相关产业，今天北京舞蹈学院周边数不胜数的舞蹈用品商店，就是在那个时候开始发展的。

欧少琳：这些舞蹈用品商店从第一届"桃李杯"开始就形成了一道产业链，他们都应该感谢您。

潘志涛：他们应该感谢的是这个社会，感谢北京舞蹈学院。

欧少琳：从开始有"桃李杯"这个想法到后来最终完成这个比赛，一共准备了多久时间？

潘志涛：半年时间。

欧少琳："桃李杯"一开始选手是如何分配指导老师，比赛剧目怎么具体落实到编导身上，以及选手选拔问题是怎样进行的呢？

潘志涛：这些情况都是慢慢形成的，北京舞蹈学校选手的选拔，基本上先是从各学科开始，最后到学院，是这样一层层选拔上来的。当然首届"桃李杯"一开始都是从各个院校选拔选手的。当时作为我们也是头一回，也没有什么经验，所以我们一定要排非常好的节目，挑选出非常好的孩子，必定我们是主办单位，所以当时从中专到大学都很认真对待。

首先是让学生自己报名，之后在各自的专业和学科中进行一个集体的海选，同时各个年级之间也进行比较，选出六对选手即六男六女。因为当时北京舞蹈学院是排头兵，有引领中国舞在舞蹈界中进行学科探索、教材建设、作品创作、师资和人才培养的责任，因为它是站在头一位的，所以别的学校出一位评委，北京舞蹈学院可以出两位评委。不像现在，为了公平公正每个学校都是出一位评委，这看似好像解决了公正公平的问题，但是实际上没有从根本上解决学科发展、人才培养的问题，因为推动中国舞蹈发展的真正问题，是学术本身的主张和公正、公开、公平，而不是在评委上做文章，所谓用人不疑，疑人不用，你把工作交给了人家就要相信他。

在当时的情况下真是强调"学术第一，业务第一"，而且是公平、公正、公开，因为是在所有的观众面前亮分，大家可以直观地看见，也确确实实有着这样一批人才创作出一批优秀的舞蹈剧目，比赛的过程中慢慢地形成了中国民间舞和中国古典舞，这是在各个院校之间达成的共识。例如中国古典舞到底应该怎么办？你看它的节目、老师、选手以及整个教学创作的设想和做法，以至他们交流讨论的问题，自然地学术构架就形成了。比赛，想开了就是一个严肃的游戏，谁获奖、获得怎样的奖都是次要的，重要的是要留下的是什么样的学术成果。

"桃李杯"到现在差不多有十届，第八届是在北京举行，第九届是在沈阳举行，第十届在安徽合肥，前面的八届我都参与了，后面的两届就不知道了，这八届中每一届都有变化，每一届都在思考要怎样才能做得更好，当然后两届可能也会有变化。

在整个"桃李杯"的比赛过程中，也让我思考了一些问题。我们知道"桃李杯"是精英比赛，但根本的东西是它调动了大家推动舞蹈教育进步的积极性，参与"桃李杯"有时比获奖更重要，但事实是个别的一、二、三等奖评出来后，其他参与比赛的孩子就被忽略了，对这些孩子的打击也是很重的。

记得有一次将"桃李杯"举办地选在广东，获奖选手和学校的积极性和兴奋劲就别提了，这次比赛也相当成功。在比赛过程中我看到中央电视台《焦点访谈》的一个节目，跟踪报道了我们北京舞蹈学院附中的刘立功老师，他带着一男一女两个选手参加比赛，结果女孩第一天就被淘汰了，男孩还在继续奋斗着，但是也离淘汰不远了，电视台就对这两个选手和老师的那个时期的状态与对话进行了一个采访。我在这个节目上，看到那个女孩在侧面站着，刘立功老师让孩子去看看榜上有没有她的名字，估计那时已经是夜里12

点多了，镜头里有一个特写，那女孩的眼泪就像断了线的珠子一样往下掉，眼睛眨也不眨，真是眼泪一滴滴地滴到我的心头，让孩子们去面对这么残酷的现实、竞争，难道比赛就是这样吗？好就是好，不好就是不好，通过这些问题我们进行思考，怎么解决素质教育的问题，即除了精英孩子，怎样让其他有差距的孩子也有更多的机会展示自我。本着这方面的考虑，在后来的做法中我们增加了群舞比赛，增加了精品教材展示、学术论文比赛，等等，确实在这些方面做了许多改进和完善的工作。

欧少琳：对，让所有学舞蹈的孩子在接受专业的舞蹈教育的同时，不仅只是参与到这样精英的比赛中，还需要去感受领略比赛带来的快乐。

潘志涛：有些时候确实是需要一些牺牲的，就好似打了胜仗，肯定会牺牲一些士兵作为战争的代价，其实那些落泪的孩子们，回顾这些比赛的历程，也是一种成长。我记得刘立功老师带的那个孩子，后来上了学院的编导系，自己为自己编了剧目，我在剧场中看到她拼命地排练，类似一个铿锵玫瑰这样的作品，好像叫《搏了哭了》这么一个作品，后来听说在全国舞蹈比赛上还获了大奖，也许是眼泪也会变为力量的。

欧少琳：失败是成功之母，凡事也都是有两面性的，不经历挫败就没有厚积薄发的力量。那么从第一届"桃李杯"开始到现在，涌现出大量的作品和编导，哪些生动事例使您至今记忆犹新？

潘志涛：直到现在大家还时常会念叨一些人。例如第一届"桃李杯"选手李恒达，现在移居到西雅图，开了自己的李恒达舞蹈学院。当时还有一个叫做官明军的，他的飞翔跳跃就像是克服了地球吸引力一样，并且艺术表现力也很不错。记得比赛过程中，评奖的时候大家都在讨论，他和李恒达的技术性和艺术性哪一个更好，最后七个院校的评委一致意见，肯定了李恒达，当然官明军也有自身的优点，他的腾空跳跃是值得肯定的。

当时的刘敏是解放军总政歌舞团的一员，她的年纪也还小，我们当时有一个想法是，专业团体的年轻演员也是需要从艺术院校毕业，即便到了专业团体一到两年之内是可以参加"桃李杯"比赛的，目的就是考察艺术院校的人才培养，制订的方案、培养质量是否与歌舞团同步、吻合，我们要跟踪专业团体里艺术院校毕业学生的状况，于是中国歌舞团、中国歌剧舞剧院包括总政歌舞团的青年演员都可以参加"桃李杯"，体现学校与社会不脱节的教学思想。刘敏参加了，沈阳军区也有选手参赛，部队选手参加比赛，常常会带着一种完成战斗任务的心态，最终的目标就是胜利，自然到了最后，当刘敏和沈阳军区的黄明珠分数不相上下，可难坏我们组委会的评委们，从早到晚开会讨论，最后做了一些技术处理，让她们两个并列一等奖。

欧少琳：鱼和熊掌不可兼得，两位舞者都如此优秀，真是为难评委了。

潘志涛：她们俩并列第一名，受委屈的只能是北京舞蹈学院的沈培艺，她只能第三名了，事实证明沈培艺是一位非常完美、很会跳舞的演员，但是比赛就是这样残酷，必须要分出高低胜负。但是对于比赛，我们最初的七所院校有一个共识，即强调参与淡化名次。我至今认为比赛的名次都是虚的，"桃李杯"最重要的是推动了中国古典舞和中国民族民间舞的学科建设，同时推动了中国舞蹈事业的蓬勃发展，以及我们舞蹈学院西边的这一条街道舞蹈配套产业的繁荣。

欧少琳：同时也带动了一大批人才的涌现，我们熟悉的2008年奥运会副总导演陈维亚、张继刚等都是通过排练"桃李杯"剧目成名的。许多诸如于晓雪、黄豆豆、刘岩等优秀演员，也是通过"桃李杯"比赛得到了锻炼。

潘志涛：20世纪向21世纪跨越时，国内文联每个协会都需要推选出跨世纪的优秀人才。舞蹈界编导推选出的是张继刚，舞蹈演员推选了20个人，可以毫不夸张地说，当中除了杨丽萍没有参加过"桃李杯"外，其余的19人都参加过"桃李杯"，是从"桃李杯"中成长的。当然张继刚也不例外，他也是在桃李杯中慢慢成长、逐渐成为一个知名编导的，他编排的由于晓雪表演的《一个扭秧歌的人》，就是通过参加"桃李杯"一举成名，于晓雪成为跨世纪的演员，张继刚也成为一位跨世纪的编导。

欧少琳：这正是实现了桃李满天下、星星之火可以燎原。这些桃李们遍布祖国的大江南北，又会带动另外一批人才。您刚才介绍"桃李杯"已经发展到了第十届，那么历数这几十年，您觉得它是有一个阶段性的变化，还是问题重重有待改进，对于现在这个阶段，您对"桃李杯"的现状怎么看？或者是有什么更好的建议？

潘志涛：如果说将"桃李杯"分段来阐述那会很仓促，必定事情已发生20多年了，我们回过头来看，带着一种冷静、客观、理性的思维，不带有个人色彩地看问题，发现它是一个渐变的过程，每一届都有变化，例如第二届就发现让参赛者准备五项参赛内容，确实是负担太大了，不符合教育规律。

欧少琳：是舞蹈教育自身发展和训练规律的驱使。

潘志涛：对，所以到了第二届就将民间舞和古典舞分开了，民间舞和古典舞的奖项设置是不同的。古典舞分有一、二、三等奖。民间舞只有八佳、十佳，评奖的多少根据参赛的人数来定，看你的人数是否多，人多了十佳，人少八佳。因为我们有一个理念，即跳维吾尔族舞、跳藏族舞，还有跳蒙古族舞，我们不能够随意地给他们分出一、二、三等奖，因为每个民族舞蹈的风格审美是不同的，所以第一、第二届民间舞获奖演员都是在八佳或十佳这个范畴中，他们也等同于一、二、三等奖的获奖优秀选手。

"桃李杯"到了第三届之后是由政府文化部来办了，一个是舞蹈比赛本身的意义的需要，有了政府的背景性质和影响力也就不一样了；再一个就是经费确实不足，例如第一届比赛，赞助商多是赞助矿泉水之类的物品，这些物品解决不了实际的问题，比赛的奖金发不出来，比赛就会出现许多问题，之所以后来移交给文化部来举办，也是因为许多实际的困难和国情的驱使，有些问题是慢慢渐变的，前四届比赛都是在北京举行，第五届在广州举办，之后在上海、成都，第八届回到北京，第九届在沈阳，第十届在合肥。

很快第十届在安徽开赛了，我们期待着这一届成功举办。因为现在的"桃李杯"和我们那个时代的想法已经不同了，那时候我们办比赛的初衷是想要推动中国舞的发展，希望将北京舞蹈学院的教学成果推广到全国各个舞蹈院校中。现在的比赛似乎拿奖是最终的目标，已经背离了我们的初衷，甚至一些私人办的院校也会认为自己的教学强于北京舞蹈学院，这真是有点戏剧性。所以大家吵着嚷着公平、公正，所以北京舞蹈学院可以得到金奖，那么其他学校也想要有一个，哪怕是一个私人院校，这样可以显示公平，但是这种公平脱离了应有的学术主张和人才培养的质量，最终导致为了"拿奖的公平"产生了比赛不公平的事件发生。

北京舞蹈学院选手拿奖是几十年来无数人的付出，是很多人智慧的结晶，它弘扬倡导的是建设中国民族舞蹈符号，不是走市场盈利的路线，因为精神财富和商品竞争是两种不同的文化产物，经济是在另一个层面思考的问题，艺术是要用别样的精神和别样纯净的思维方式来滋养。

现在是达到公平、平均地拿奖这样一个程度了，获奖大家都能公平对待的时候，也能够共同挑战北京舞蹈学院的学术权威性了，我要公开地说，这是一个令人遗憾的问题。"桃李杯"舞蹈比赛的宗旨是推动"中国舞"的发展，核心是人才培养和学术走向，如果只是为了拿奖，你问我下一步应该怎么做的时候，我会告诉你需要暂停，我们应该反思，等想清楚了再去做。因为现在大家公平地对待奖项，最近几届"桃李杯"比赛中已经看不到李恒达、官明军、刘敏、沈培艺这样优秀的演员了，也看不到张继刚、陈维亚、丁伟等优秀的编导了，因为没有了学术主张和教育共识，只有获奖，这对中国舞事业的推动和发展是令人遗憾的。

欧少琳： 从您的言谈中，您作为"桃李杯"的发起者，到目前来说"桃李杯"的发展可以看出您的使命感和责任感，完完全全不亚于当时您的热情，"桃李杯"需要您的继续关注，还需要您给我们全国舞蹈专业人士更多滋养。

潘志涛： 谢谢你，等到真正有了这么一个机会时，我还会尽心尽力的，现在我的年纪也真的是很大了。

欧少琳： 潘老师，现在特别希望您对"桃李杯"再说一些寄语。

潘志涛： "桃李杯"到了这样一种程度，只要是大家还有兴趣还是可以办下去的，像中国戏曲学院研究生部的主任，谈及中央政治局常委们都是十分关心中国戏曲的振兴，但是还没有找到合适有效的方法。当他们看了"桃李杯"比赛和CCTV舞蹈大赛后，他们说了："当时的'桃李杯'只有一个黄豆豆，现在却有无数个黄豆豆。"看得出他们是在思考戏曲的振兴和繁荣，戏曲的振兴和繁荣也需要有"桃李杯"这样的方法来借鉴，所以"桃李杯"的方法、优势或者说它的积极部分还是要肯定的。

今天"桃李杯"走进了一个胡同、瓶颈，有许多问题需要我们认真思考，不仅要思考如何更好地发展中国舞蹈学科，也要明白在新时期如何保证我们的人才培养质量，更需要考虑如何解决素质教育和精英教育这样的冲突，还有就是解决中国舞如何能真正振兴的问题，要靠什么样的力量能促使它不断地发展和提高。

我希望北京舞蹈学院可以重振"桃李杯"的雄风，也可以再挑起一个舞蹈比赛，把全世界从事中国舞的有识之士聚拢在一起，共同为中国的舞蹈事业多做一些实实在在的事情，同时维护和弘扬一个品牌，而不是对谁都盲目的公平，这样的公平是有害于中国舞蹈事业发展的。

欧少琳：1987 年中国舞系一分为二，成立中国民族舞剧系和中国民间舞系，您担任中国民间舞系首届系主任。对于这样新成立的一个系，您当时是如何做的，即如何通过具体的所作所为，证明了这个系存在之必然。今天这个系成为北京舞蹈学院人数最多、规模最大的一个系，您认为导致这种发展趋势的原因是什么？

潘志涛：当时的我是在其位谋其政，在这样的位置上就应该去思考自己该做的事情，在中国舞做系主任的时候，我考虑的是古典舞和民间舞同时发展的问题，甚至更多的精力和时间放在古典舞的兴旺发展上。实事求是地说，"桃李杯"比赛首先考虑的是古典舞演员的成长，当然后来也在考虑民间舞的建设和成长，在此基础上，也就是在"桃李杯"举办的过程中，慢慢形成了建立民间舞学科的想法，觉得民间舞也该有自己的专业了。

现在想起来，当时偌大的北京舞蹈学院只有两个系是不合适，所以就在三年之后，大家开始设想在中国舞的基础上应该有一些分门别类的学科，编导和民间舞都可以从中国舞系中划分出来，同时大学也需要和附中分开，青年舞团也应该有自己的管理机构，等等。有了这个想法再加上当时学院领导的果敢决断，就这样将中国舞系"四分五裂"开了，但这其中最重要的一点就是建立了从未有过的民间舞系。

新中国真正的舞蹈专业是从 1954 年开始的，即 1949 年新中国成立后，才使得舞蹈事业真正成为一个专业，变成了革命的一个组成部分。在中国的历史上，一直有百姓的舞蹈活动，但是只有到了官方舞蹈机构，这个事业才算是入了主流。在唐诗里头记载，公孙大娘舞剑器中有舞蹈的"舞"字，现在也有人质疑，舞蹈的"舞"和武术的"武"是否通用，她是在"舞"剑器还是在"武"剑器，可见社会上根本没有把舞蹈这个职业当成一回事。

类似这样的情况在 1949 年以后才发生了根本性的变化。1954 年建立北京舞蹈学校，到 1978 年改名为北京舞蹈学院，于是以后舞蹈开始有大学生、研究生了，现在据说学院又在申请博士点。在中国传统的文化里，大家没有真正认识到人的身体和人的身体语言的重要性，或者说身体语言本身也是文化的一个重要组成部分。

到了 1987 年，成立中国民间舞系的想法开始着手实施，可以说我们在舞蹈建制结构上发生了重大的飞跃。北京舞蹈学校建校是由苏联帮助建设的，所以学院的芭蕾和中国舞都是向苏联学习的，也确实学到了许多方法。后来因多种原因，也向欧美的现代舞以及其他舞种学习过，当时还没有意识到中国本土舞蹈自身的发展问题，中国舞的根本在哪里？如何发展？这个时期还未形成一个明确的思路和可行做法。

中国舞蹈如何建设是在几十年的时间中慢慢摸索出来的，以前我们学习苏联，认为舞蹈的最高形式是舞剧，中国舞蹈的最高形式也是舞剧，而中国舞剧学习的样板是《天鹅湖》、《吉赛尔》等，新中国成立之初的《小刀会》、《鱼美人》等都是学习芭蕾舞剧创编的，这些舞剧的语言、结构、舞段等，到现在还有争论不休的问题。

中国的民族舞剧争论不休的时候，成立中国民间舞系的想法在当时可以说是一个巨大的挑战，中国舞蹈需要有一个自己的发展脉络、趋势和场景。例如从京剧可以看出中国歌舞艺术的最高形式是戏，也可称之为歌舞剧，是唱、念、做、打综合在一起的东西。民间的舞蹈也是一边唱一边跳，在中国各民族文化主体中很少有只唱不跳，或者只跳不唱的情况。

中国民间舞系的成立是一项重大建设，记得当时的学院也正在调整各个学科，当时的吕艺生院长找到我，商讨这个问题，他告诉我从中国舞主任下来有两个选择，一个是去因"桃李杯"比赛涌现出来的大批舞蹈人才而成立的青年舞团，另一个就是去建设从无到有的中国民间舞系。当时的舞团规模阵势强大，可以说是历史上最强盛的时期，他问我是要发展青年舞团还是去成立中国民间舞系，我当时的想法是做别人没有做过的事情，或许也是他看中了我这股拼劲，就鼓励我去实现这个想法。

在建系构想过程中，他曾经让我回答两个问题：一个是中国民间舞系能否培养出像杨丽萍那样的学生，我直言告诉他杨丽萍是培养不出来的，就像鲁迅、李敖这样的人是培养不出来的，学院能够培养的是好的教师和能够统一规范的优秀学生。他提到的第二问题是，如何在最短的时间里，证明中国民间舞系存在的必要性，即不但要建立这样一个学科有这样一个建制，还要去证明它存在的价值和必要性以及历史的深远意义，这个任务的确有点艰巨，我不是理论家，也没有多少理论水平，但是实干出真知，我想只要干总会找到要做事情的意义和价值的。

当时我考虑到，中国民间舞能够存在，首先是因为是百姓喜闻乐见的，所以建设这个系不是我想干什么而是百姓想要看什么，毛主席《在延安文艺座谈会上的讲话》时刻印在我们的脑海中，即作为一个有出息的艺术家，就要为人民服务，因为历史是人民创造的，而且我们是人民的艺术家，所以你的世界观、价值取向、服务面向都应该放在人民那儿。

我的研究方向就是民间舞，因为我毕业后被分配在民间舞教研组中，而我又擅长汉、藏、蒙古、维吾尔、朝鲜等几个民族的舞蹈教学，即便现在让我来教课，我也不会觉得费劲，因为积攒了一辈子，岁数大了，课还是可以教的。人民滋养了我，这些宝贵的财富已经扎根在我的身上，而我又始终认为自己是一个忠实的中国舞者。

欧少琳：您在 1987 年 9 月走马上任，成为中国民间舞系第一任系主任，那时您手底下有哪些精兵强将呀？

潘志涛：我还不如京剧《沙家浜》中的胡传魁，胡传魁队伍刚开张的时候，还有十几个人七八条枪，我那时候可以说是一穷二白。记得学院在学生公寓中腾出十四五平方米的空间，作为我们的办公室，因为刚开始招生所以也只招了一个班级。留校的这批学生如今都成为北京舞蹈学院的中坚力量，郭磊成了学院的副院长，赵铁春成为研究生部主任，杨纳成为附中的副校长，黄奕华现在是中国民族民间舞系的副主任，韩萍、田露、周萍、张赛荣、韩贤杰、于晓雪等人，也都是学院的教授、副教授了，这个班其他同学也很优秀，在全国的文艺团体和艺术院校也都是骨干。

因为是中国民间舞系第一批学生，而且招生只有一个学期的时间准备，所以在招生过程中要有一些新的思考，对此需要打破过去以身体条件为入学标准的招生惯例，我反对用身体尺寸来衡量学生的好坏，我认为首先最重要的就是会跳舞，至于高矮胖瘦，另当别论。

当然，长得越好看越好，可是美的本身也是有差距和多样性的，胖有胖的美，瘦有瘦的美，高有高的美，矮有矮的美，民间舞的审美也应该如此嘛！各美其美。当你用尺寸来衡量学生的时候他的美就消失了，民间舞就是要把不同的美汇集在一起，自然的一种美，这是我们民间舞需要追求的东西。

欧少琳：当时考试的规定剧目是什么？

潘志涛：没有规定剧目，是自己挑选的剧目，会什么跳什么。

欧少琳：当时应该广而告之，让更多爱舞蹈的人都来参加考试，您第一次招了多少学生?

潘志涛:这个记不清楚了,在招生过程中要记住张敦意老师,他是极力支持我们这一事业的开创,并且付出不少心力。记得那时候有两个延边来的学生,一个是韩贤杰,另一个是裴永植,本来想法是二取一,当时我就跟张老师开了个小玩笑,我告诉他本来是想招裴永植,但是现在却要了韩贤杰,是不是也将裴永植一起招进来,他很快明白我的意思,到了最后两个学生都招收进来。那个时候通过这种办法,让许多学生有了进学院学习的机会,真是当时规定只要 20 人,最后却多出四五个学生,所以他们班的人数比其他班级的人数多,后来系里做的第一场主题晚会《乡舞乡情》,他们班和表演班融合一起,那个规模可是比一般的舞团大很多。

欧少琳:您就是通过您的亲力亲为做出了许多至今还被称颂的事情。从第一届招生开始到现在,中国民族民间舞系不管是本科生还是研究生的生源规模,现在是学院报考学生最多的,您认为发生这种现象的原因是什么?

潘志涛:必然的因素是人。我相信毛主席说的话,没有人气,不接地气。现在看来,北京舞蹈学院最有人气的系是中国民族民间舞系。原因在于它和艺术院校有关,和地方上的艺术工作者有关,跟广大人民群众的喜闻乐见有关,于是自然而然在一个良性循环、科学发展的状态中壮大了。

现在中国民族民间舞系本科生大约 300 人,研究生 60 多名,这是一个好现象,它见证着中国的崛起,中国能够有这样一种状态,是因为中国人找到了自我,也感受到了自尊和自信,中国民族民间舞系今天的状态与中国的发展强大是一致的。

中国民族民间舞系也要向国家改革开放一样,要不拘一格降人才,如果你把自己的视野放窄了,你就扼制了自己的生命线。有了挑战才能进步,才能有思考,才能够逼迫自己前进,如果你只是按部就班,就会是一种没落的趋势,想要前进,你就要挑战自己就不要满足自己的现状,扩展自己的想法你就要"接地气",与人民群众联系在一起,这样你所做的事业就会发展壮大。

欧少琳:您在做中国民间舞系主任的那段时间,一共促成了三台中国民间舞蹈专场晚会的上演,它们是《乡舞乡情》、《献给俺爹娘》、《小白鹭之夜》。这三台晚会当时在国内引起了极大的轰动,甚至成为那一时代的经典,您作为当时的策划人、组织者，促使您做这三台晚会的原因是什么？这三台晚会为什么能引起如此之大的反响？它们的创作追求对今天的中国民族民间舞创作具有什么样的指导意义？

潘志涛：我们在有中国舞系的时候筹划实现了"桃李杯"，通过"桃李杯"我们有了青年舞团，而且我们使得北京舞蹈学院在社会上极具影响力。"桃李杯"实际上是学术性聚会，通过这样的活动，使我们有了对学术建设的想法、追求，空想是不会有任何结果，只有付诸行动，理性地去认识它，才会有结果。

到了1987年中国民间舞系成立，我们又在考虑成立后需要做些什么？我们需要证明中国民间舞存在的必要性。首先，它的上课方式不同于其他的学科，不应该只是单纯地擦地、踢腿、跳跃，我们应该请更多的民间艺人来学校授课。吕院长给了我一个启示，舞蹈不能只是有头有尾却没有中间精彩的部分，我们完全可以掐头去尾，保留中间精彩的部分。

《乡舞乡情》的总导演是孙龙奎老师，后来调到编导系去了，当时他是我们系的一个编导老师，也是教授朝鲜舞课的教师，我们当时决定由他来主持排练《乡舞乡情》这一台节目，这台专场演出，我们选取了张继刚的三个节目《女儿河》、《走西口》、《俺从黄河来》。《俺从黄河来》就是在"鼓子秧歌"基础上编排的。这台节目不仅有吕院长的教育主导思想，还融入了我们的教学成果，又有张继刚的参与，以及像孙龙奎这样国家一流的青年编导，这台演出的品质在当时是可想而知的。

这一台节目进行巡回演出周游了半个中国，从南到北、从东到西甚至到香港、澳门去演出。当时唐满城老师是古典舞系的系主任，他问吕院长，民间舞系为何一直演出，古典舞系却很少有机会。后来这台演出的节目成为剧目课程的教材，也成为学院和社会衔接的桥梁。

《乡舞乡情》之后就是《献给俺爹俺娘》，中国民间舞系第一届本科班三年级的时候跳的是《乡舞乡情》，到了他们大四将要毕业的时候，张继刚来找我，他当时是编导系的学生，希望与这个班级联合起来做一台节目，献给爹娘、祖国、党和学校，他说是要感谢培育了我们的学院和国家……

我听了张继刚的想法后很是赞同，最重要的是他曾经有过《女儿河》、《俺从黄河来》这样的作品，原先《俺从黄河来》的剧目名称为《我从黄河来》，我将"我"改成了"俺"，改了一个字作品就有了些许山东汉子的彪悍劲儿。可以说之前我们有过一个很好的合作基础，北京舞蹈学院历史上从未有过将毕业晚会交给一个毕业生做的先例，当时的排练采取一个小组一个小组进行的方式，而且经费也很有限，不能照顾到所有的人，一些老师对此还产生了一些不愉快，看起来是偶然的，其实也是必然的，这个必然就造就了现在的张继刚。

一生中我碰到许多导演，很少有像张继刚这样的，一个星期时间编排一个节目，周六的最后一节课，向你展示自己的排练成果，十个星期十个节目，每次都是很准时在最后那一节课完成，排完都是直接定稿，从来没有再返工。我碰到的许多编导都是一个作品不断地改，排了两学期都不能见观众，张继刚却是例外，也就是说两个半月后，让我们看见了他的一整台节目，对待这样的导演你还能说什么！

在我印象里上上下下、里里外外，一台晚会一共花了 5 万元左右，全场最奢华的就是《黄土黄》剧目中的一块幕布，这一块幕布是用两块大幕布缝在一起的，花了 6000 多元，剩下的都是服装成本，所有服装没有一个亮片，全部都是节目需要的最基础颜色和布料，我们不追求亮丽奢华，用的是肢体和情感本身赢得观众。

我们当时暗暗下了一个决心，首演一定要让大家鼓掌 5 分钟，到了演出那天，记得是在工人俱乐部，天又闷又热，剧场全部都是人，节目结束后，全场一片寂静没有声音，就在一片沉寂中，突然潮水一般的掌声打破了沉寂，整个剧场一片沸腾，都是掌声和尖叫声，从这儿开始，肯定了中国民间舞存在的必要，人民需要它。

后来有了厦门"小白鹭"这些孩子，我们考虑着如何将这些孩子的学习过程做一个展示，这些孩子们在展示专业特点的同时，如何与浓郁的乡土乡情结合起来成为这台晚会的主题思考，我们有意识地从单纯的舞蹈向民间吹拉弹唱综合性的演艺靠拢，做出的这台晚会不仅有专业性也得到广大人民的认可，因为表演的是他们耳熟能详的，也是司空见惯的，但是表演的品质与特征却是一个民间艺人所无法达到的。"小白鹭"现在是小白鹭民间舞团，成为厦门一个引以为傲的文化品牌，这是与我们最初的文化追求分不开的。因为招该班之初，我们就在考虑中国民族民间舞该往哪里发展，往哪个方向前进，只因为有了这样的思考，才会培养出这样的一个让人记得住的班级，以及做出一台至今还能让人回忆的《小白鹭之夜》这台专场晚会。

欧少琳：正是有了五十六个民族，咱们中国这个大家庭丰富的舞蹈资源，以及这些根植于人民服务于大众的艺术家，才会有这三台各具特色，赢得了观众对民间舞系喝彩的晚会。您觉得这三台晚会对现在的民间舞创作有什么样的启示？

潘志涛：我已经退休三年了，本学期末回到民间舞系看了五天的期末考试，我作为一位老教师和退休人员，本以为看完后会有一种失落感，或有一种酸溜溜的感觉，会产生这也不像那也不像了的疑惑，可是结果大大出乎我的意料，我被他们感动了，被那些年轻人做的事情感动了，尤其是那些年轻教员，不仅是把我们的精神继承下来，而且有了更好的发挥和更多的创造。

现在的系主任是高度教授，我们是看着他如何从节目创造中拼搏成长的，现在他自己开始上创作课程，自己也在创作，许多节目也成为现在的剧目课教材。尤其是最近一个时期他带着一些孩子到云南香格里拉采风学习，做了一台作品。看了这台作品，我想提的是这不是学了几个舞段和动作的问题，而是他们把香格里拉的真、善、美带到了学院，这就是接地气、接人气。这种做法让我们这个教学团队，在今天纷繁嘈杂的社会中，能够寻找一点纯净和本真，这正是我对民间舞系所期待的。

欧少琳：高校的任务是培养人才，人才的培养在于教师和课程，课程的关键在于教材，您作为首届中国民间舞的系主任、学科带头人，您认为中国民族民间舞的核心教材如何建设，我们知道2001年您出了一套叫《中国民间舞教材与教法》的教材，这套教材编写的核心思路是什么？对比民间舞系的前期教材，您觉得这套教材的特点在什么地方，对待中国民族民间舞教材建设您还有哪些不同的思考？

潘志涛：我记得民间舞的教材建设也像中国舞系当时那样，什么准备都没有，因为这么庞杂的一个系，头绪很多，教材建设当时也没法做。当然民间舞系成立后，如果没有教材和教法在教学上引领是不行的，用普通的俗话来说不规范，太业余。

教学如果想要走专业化的道路，就需要考虑教学行为的准则、教学监督量化的标准，不仅教材要规范系统，在教学方法上也都需要规范，或者说是有一定条件的规范。北京舞蹈学院最初叫北京舞蹈学校，是一所中专学校，中专教学有些时候可以混沌点，如果要建设成大学就需要在教材、师资上进行清晰而深化的考虑。

北京舞蹈学院第一批本科生是在李正一和许淑媖老师的带领下培养的，具体的代表性人物有今天学院的李续院长、王伟副院长、张平主任、满运喜主任等古典舞学科的人才，民间舞主要由明文军副院长、高度主任、王玫教授、孙龙奎教授等人。这一批学生在培养的过程中，已经开始教材建设的探索，诸如民间舞专业学生的毕业课就是以教材的形式呈现的，可以说当时已经积攒了一批比较成熟的教材。许淑媖老师当时有一个想法，即学习道家理论，以一个来生发出万个，一生二、二生三、三生万物，万物归一，这样由浅入深、由表及里，建设一套教材生发出一个系统，这个从点到线再到面建设教材的理念，就是我们现在教材整理所说的"元素教学法"，实事求是地说，从1980年开始到民间舞建系以后的20年间，民间舞系一直使用由许淑媖老师带领总结归纳的教材。

这就是当时的背景，记得那个时候（1995年以后）我已经到广东舞蹈学校当校长，我还是一两个月回来一次，当时由明文军作为代主任，他代理系里的各项事物。很早以前我们就提出建设一套规范教材的设想，这个时候正好在广州有这个条件，于是除了学院民间舞系的教师外，我还联合广东舞校的老师，用广东舞蹈学校的经费，在广东找了个地方开始进行《中国民间舞教材与教法》的撰写工作。

这套教材撰写最初是延续着许淑媖老师"元素教学法"理念开始的，因为许老师20世纪80年代后期就出国了，她在教材整理上的一些想法和做法，甚至是教材整理的激情，没有很好地延续下来，她一走，之前做的工作也就几乎停止了，无法再深入下去。当时已经写了一部教材，并送到出版社了，因为写作规范的问题，一直没有出版。通过这件事我们明白了，出版教材最重要的是齐、清、定这三个字儿，不做到这三个字教材自然不规范，出版社也无法出版发行，许老师今天已经故去了，她带着我们编写的那部教材到现在还未能出版，很多人也都曾想把这件事做了，但是因为种种原因至今也完成不了。

我们建设教材的时候，其实是站在许淑媖老师"元素教学法"基础上开始的，我们要尽可能地根据她的思想整理教材，对此教材编写研讨会就开了很久，争论的问题也是数不胜数。比如藏族教材在踢踏舞训练上，我们原来的说法是第一基本步、第二基本步、第三基本步、冈达滴答步等，都是些术语的，但是如果要以元素来整理教材的话就只能是颤踏、跺踏了，等等，而这些需要用一个词语来形容，仅藏族舞教材我们就花了差不多一个多月的时间讨论研究。

记得当时还请来现在中国舞协秘书长罗斌来帮助我们，罗斌当时研究生刚刚毕业，他既有舞蹈专业素养也有理论思考认识，我们请他为《中国民间舞教材与教法》写综述，告诉他我们这些人的想法，他帮助我们整理出一个完整的思路，就是教材建设如何从人民中来，再回到人民中去，以及教材在传统的基础上，如何发展和创新，民间舞蹈是人民创造的，现在走进了课堂和舞台，经过了加工的过程，上升到一个专业化的高度，自然也要有一个不一样的认识。

那个时候我们终于缕清了一条"民俗、民间——民族、典范"专业民间舞发展的主线，因为今天我们做的不是纯民间的民间舞蹈，不是原生态本身，我们做的是源于民间，又高于民间，人民和生活给予我们素材，我们要把这份财富提炼升华到一个民族、国家、主流舞蹈的高度，要让原生态的民间舞变成艺术状态的民间舞，以此确立我们今天形成的课堂和舞台民间舞的风格，也就是今天被人称赞的"学院派中国民族民间舞"。

欧少琳：那么可以认为这就是这套教材的最大特点吗？

潘志涛：可以，因为这套教材形成我们现在说的广场——课堂——舞台这样一个发展脉络，这个发展思路现在被我们称之为职业舞蹈的发展思路，或者是学院派中国民族民间舞的发展思路，我们已经不能将这套教材称之为原生态民间舞蹈了，它也的确是与之大大的不同了。

欧少琳：潘老师我想知道，通过这套教材的梳理、编纂以及它落字成文，对于民间舞后续的教材编写有哪些深刻的启迪？

潘志涛：对于这个教材也就是沧海一粟，仅仅做了其中的一点点，九牛一毛的工作。不过是把前人曾经做过的工作又梳理了一次，再加入了一些我们对于目前要发展发生和即将建立东西的思考，至于这些是否被广大人民群众所接受，都需要列入我们的考虑范围。

例如前两天在胶州举行的第三届秧歌节,当地群众表演的"推扇"、"八字绕扇"等舞蹈动作,都是我们三四十年前许淑媖老师带着我们在春节前后采风学习后,学校的老师在教学过程中发展变化来的。记得那时我们在济南火车站附近的济南宾馆住了一个多月,春节也在济南过的,就在那时向胶州县的艺人们学习的胶州秧歌"小嫚扭"的动作,等等,学习回来后教师们又整理、加工、发展、变化,整理发展的一些动作。三年之后,胶州县的百姓们,从小孩、青年到老人全都学会了,最为典型的是北京舞蹈学校教师们编创的"八字绕扇"动作,已经成为胶州秧歌家乡舞蹈的典型动作,其实在最早民间是没有的,这就是从人民中来到人民中去的一个最好实例。

其实很多艺术家都在做这样的事情,例如贾作光老师,他可以说是我们中间的典范,内蒙古草原最初是没有《鄂尔多斯》这个舞蹈的,他从寺庙喇嘛教的跳神打鬼中学习了舞蹈的基本动作和舞步,在此基础上进行创作,这个称之为《鄂尔多斯》的舞蹈很快传遍大江南北,现在清华大学一些七八十岁的老先生、老太太们,前些天我还见着他们在跳《鄂尔多斯》。这就是从人民生活中挖掘艺术素材,经过提炼、加工、整理、升华再回到人民中去,如此"一上一下,一来一往"构成新中国本土舞蹈发展的脉络。

欧少琳: 从教材的梳理到人才的培养,从民间来再回到民间去,您真的是心系天下,不仅考虑到中国民间舞如何教学,更想到了如何将这样的教学成果传播普及,您真是很了不起!

潘志涛: 所以你问我还有什么想法,我说是我们走对了路,对这条发展道路,我们还要考虑从哪些方面能进行更好的完善。中国人 1840 年以后,总是屈辱地生活着,作为中国人怎么可以弱小!我们也可以强大,即便是当时中国其实不是真正的弱,因为当时中国的人口也不少,国力比一些国家也算强盛,经济发展也比较平稳,但当时执政者的错误执政,愚弄百姓,大家心不在一起了。现在,我们不再是 100 多年前的东亚病夫,我们逐渐成为一个强国,文化实力本身就是强国战略的一部分。我们的中国民族民间舞,除了本土之外,它与周边的国家的民族舞蹈或多或少有着千丝万缕的关系,例如傣族舞蹈和缅甸、泰国、越南等国的民族舞蹈有一定关系,维吾尔族舞蹈与乌兹别克斯坦、哈萨克斯坦、阿富汗、巴基斯坦等国的民族舞蹈也是有关系的,中国境内的跨界民族有 30 多个,我们现在传承发展的民族舞蹈很多都是与周边国家地区的舞蹈有关联的，但我们却很少与之联系交流。

我们现在关注较多的是欧美国家的舞蹈，而对周边近邻的舞蹈却关注得很少，事实上还是对自己文化的不自信，我们成为一个大国强国的时候，首先要有文化的自尊和自信，而且带着中国自身文化的价值观去和其他文化相互交流，这样才能够影响世界，才能够促进和谐，我们大家生活在同一个地球，文化上要各美其美、相互欣赏、相互兼顾。当然做好这一切，前提是我们要有自己的东西，当然在坚守与传承自己本土舞蹈文化时，要善于向周边的近邻学习，如果眼睛只盯着欧美，那我们永远都没有未来。

欧少琳：您是一个特别受学生欢迎的老师，可见您的教学手段和方法是被广大学生所认可的，作为一名优秀的中国民族民间舞教师，您认为做好一名教师应具备哪些素质和能力，如何才能让学生喜欢上您的课，这其中的诀窍是什么？

潘志涛：这个不是我作秀就能做出来的，是中国民族民间舞这个专业本身所要求的。之所以称之为民族民间舞，授课时我认为以下几点要关注：第一，要关注地域性和民族性；像教授维吾尔族舞蹈，需要你在课堂上营造一种当地的氛围，包括打手鼓，要始终让学生在你营造的环境中学习。第二，就是授课中，对于历史上存在现在还在继续的舞蹈，要有延续性，不能你教的跟原来有的完全不一样，那就出问题了。第三，学习老百姓传承、创造、独特表达的舞蹈智慧，主要学习他们舞蹈时由心而发、倾情投入的状态，这样教出的课就会生动鲜活。

作为中国民族民间舞，授课时必须遵循这三个非常重要的要点，在课堂里还需要营造出一个特色浓郁的舞蹈氛围，这样课才能够上得痛快、舞得起劲。例如教藏族舞蹈要向民间艺人那样，边说边叫连唱带跳，不能像基训课上的那样枯燥，民族民间舞授课需要有一种感染力和一种情绪，教学要和学生有互动，同时也要与乐队老师有呼应，课堂要在一种特殊的场境中完成，让大家如同举行一个节日民俗仪式一样去舞蹈。

我讲课的时候提过，一位好的教师，需要成为这个班级中的一员，需要带着感情，甚至是一种主观的激情在里头进行授课。当然在这之外，也需要准确捕捉到学生的不足，思考对之进行纠正完善的做法与手段，这样所传授舞蹈的生命力和灵魂不仅能够在学生身上得以体现，学生出现的问题也能很快加以解决，舞蹈示范——动作讲解——问题纠正是舞蹈教学最基本的教学方法，与其他舞种不同的是，中国民族民间舞教学的好与不好，还要看教师在这个过程中，有没有形成自己授课的风格和锻炼出感染人的情绪、情感。

很多老师给我提意见，他们有些时候觉得我做得有点儿过火，我在上课之前会给学生糖果，也会领着研究生去游乐场玩，记得一次带研究生去一个流动的游乐场，那天还遇见了一位国家副主席，因为之前我见过他，我们还握了手，学生们当时很惊讶！也许其他人觉得一位老教师带着学生们像小孩一样荡秋千，买熊娃娃等，就没有了老师样，我觉得老师就像是学生的朋友，不应该是年纪大了，而且是教授了就应该高高在上，教授也是一个不断学习的人，不断地跟年轻人沟通，因为你的知识也会过时的，社会发展如此之快，现在许多新知识你就有可能不了解。

学生教会我很多东西，例如我的 iphone 手机和平板电脑、数码照相机，都是他们教我如何使用的，我追求与时俱进，也引领着学生与时俱进。我明白我的与时俱进一定是落伍许多，再加上我英语不好，对于一些词的翻译和解释我都是需要学习的，在这样一种情况下，更需要与学生有一种真正的沟通，这样才能体会到你需要教给他什么，或者说他从你教授的东西中能领悟到什么。

学院毕业的孩子们都希望可以留校或者是留在北京。其实，很多人是不大可能留校或者是留在北京的，我认为更多的应该是哪儿需要就去哪儿，他们明白也懂我的话，而这些话是一个老先生的经验之谈，或者是真正地站在他们的立场上思考他们的未来。

以前的三字经里说过："父母在，不远游。"你作为独生子女，为什么不留在父母身边和父母一起建设家乡呢？你把在北京学到的知识带回家，使自己的家乡繁荣富强起来，这样不是对社会对自己都很好吗？今年我有一个研究生，在我的鼓励下就回到了家乡湖南韶山的科技大学音乐舞蹈系，我相信很可能在未来的八年、十年后她就可以成为系主任，如若没有人回去，这个学校的音乐舞蹈系很可能发展不起来。她明白我的话，她也相信我，所以她就回去了。

欧少琳：在这么众多的学生当中，您与哪一些或哪一位学生之间有一些有意思的故事，或者生动的事例，能否给我们讲讲呢？

潘志涛：现在我的很多学生都是我的领导了，那么我抛开比较近的学生说一些远的学生。张继刚，他原来是山西省歌舞剧院的一个年轻编导，因为他的《元宵节》这个节目，让我们看到了他的才华，学院破例将他招收了，他是编导系的插班生并且还是代培生，但是后来逐渐成为统招生，因为这样他可以有更大的发展，更重要的是他可以留在我们系里。他说："他的才能、秉性跟民间舞更为融洽，毕业后还会从事和民间舞相关的事情。"所以看到了这点，我就早早地把他留在了民间舞系，成为民间舞系的年轻编导。当时我把自己房子的钥匙给了他，让他有了一套房子，能够在北京的家里给山西的家打电话，我是全心全意地留他的，他的那种兴奋劲儿到现在还是历历在目的。我作为一个普通的中层干部，只有这些条件，也只能做到这些，待遇肯定是比不过总政歌舞团的。张继钢明白我已经是倾尽所有了，他也觉得十分为难，因为不好意思向我开口告诉我，他的最终选择是总政歌舞团。

欧少琳：您是伯乐寻千里马，但是千里马走向远方必将负担起更重大的责任。

潘志涛：记得临走的时候，他让我和他一起去怀柔看孩子们的演出，到了之后，他说想和我聊聊，我想他一定是有什么事情想对我说。说开后，他说总政希望我们俩都去那儿，把民间舞的东西带到总政去，我告诉他我不会去，我要留在舞院，因为我的学生们还没有毕业。

他说这话我立即明白了他的想法，他是决定选择总政了，当然这件事情，还是需要征求院长的同意，其实当时我心里也有一个权衡，对于这样的人才，如果控制他，最后的结果只能是鸡飞蛋打，总政歌舞团是一个国家军队的单位，我们让他走，对于他本人甚至对于我们自己也是一件好事，所以他很顺利地进入总政，并且发展到现在。

相信他永远都会记住我这个老师有这样的一个善举，或者说是老师的理解和谅解。2008 年奥运会，他是副总导演，正好还需要一个分场导演，即开幕式仪式前表演，当时他想到了我，而我决定要做就要把全中国 56 个民族的民间舞在开幕式仪式前展现出来，而这个提议很快就通过了。那年 65 岁的我又重新工作了，并且成为这个仪式前演出的总指挥。到第二年新中国成立六十周年，我担任了由张继刚当总导演舞蹈诗《复兴之路》舞蹈部的主任，这就是我们相互理解的结果，这也是对舞蹈事业本身的一个推动或者说是有利的举动。

欧少琳：刚才您说了张继刚老师，还有哪位老师或者现在是您喜欢的学生，能不能说一个您觉得特别淘气不思上进的孩子，如今也在您的调教下成才的案例。

潘志涛：这个当然有，但是我不想说，我想说一些能成为典范效应的人。例如现在北京舞蹈学院的院长李续，他曾经是中国舞系的业务秘书，那个时候我策划"桃李杯"舞蹈比赛，他主要的工作是管理"桃李杯"经费筹款，即通过筹措经费辅助"桃李杯"活动能够正常进行。就在这个过程中，他的第一个女儿出生了，他基本上也是工作第一，顾不上回家。我给系里的陈银云老师10元钱，让他买了两只老母鸡给李续家里送去，直到现在李续还记得。

从"桃李杯"之后，他慢慢从办公室主任到附中支部书记，又到院长助理，后来他在中央音乐学院做副院长，在那里一待就是13年，从一个舞蹈家变为音乐家，今天再回到学校的时候成为院长了，在这个过程中他转变成为一位综合性的艺术教育家，既有舞蹈知识又有音乐知识，还懂得管理。我看见他们的时候，就会有一种"青出于蓝，而胜于蓝"的愉快感，作为一位老师，你的学生超过你，就能证明你的价值。

还有两位学生，现在也都是副院长级别的，我也曾经教过他们。例如郭磊，他的第一个作品，是在我的支持下完成的，当时他做赣南采茶教材，从江西请教师，我批经费、提供教室和学生让他们做实验，十几年过后，这个教材日趋成熟，据说现在已申报为国家级科研课题。

除了教材之外，我也看到他的作品在各种场合下获奖，甚至这次的一个作品在韩国获得金奖，我由衷地替他高兴。他当年轻教师时，在"桃李杯"比赛中他为选手编排节目，遇到困难我给予大力支持，然后再鼓励他继续创作，在这样的一种情况下，他很快成为一位优秀的编导。现在他成为副院长了，时常还能够创作，因为当时你信任他，放心把事情交给他去完成，所以他就成长了，他获得好成绩时，你的成就感也和他一样。

还有一位就是现在的明文军副院长。前面我们说过，在学院里他是最能克服各种困难的人，别人不能做不愿意做的事情，他总是会去想办法完成，他现在被评为学院最能解决问题的副院长，他这方面的能力远远超过我，我只能解决顺利的、好解决的问题。我看到他们的成长，觉得做老师有价值，做一个有成就感老师的可贵。

欧少琳：您真是不拘一格降人才，您把所有的希望都赋予了学生，相信他们今后有更大的作为，更深的潜力。你这种育人之道，不仅能培养出国家的栋梁之才，也会带出一代又一代优秀的舞蹈研究人才、编导人才、教学人才。

潘志涛：我希望他们每个人都能成才，当然不一定每个人都可以做到，但是作为教师，我们要提供更多的机遇，给予他们更大的平台，这样他们成功的机会就会有把握。做老师多赞赏学生，多给予他们鼓励，这都可能是他们在人生成长道路上推动他们飞跃发展的重要因素。

欧少琳：如果说爱的教育是一个太宏观、太玄妙的主题，我可不可以认为您的人格魅力或者说您对于孩子们的一种赏识教育、愉悦教育，是真正地促使您的学生们"青出于蓝，而胜于蓝"的一个结果。

潘志涛：我懂得欣赏他们，将他们的优点放大，升华他们的光彩，在一位老教授期待的眼神里，可以促使学生从成熟走向成功。拓展学生的潜质和放大他们的优点，是我教学最成功、最重要的经验。包括我在电视台上作点评也是如此，有人会说我应该挖掘一些不好的地方，但是我反对这样的做法，我赞赏的是你的光彩和积极因素，让大家都知道你的优势和长处，通过激励和表扬促进你进步，这是我的育人之道。

欧少琳：如果用一句话来概括一下您成功的教育理念，您认为是什么？

潘志涛：相信学生、热爱学生。首先是相信，之后是基于相信并热爱他们！

欧少琳：还是深深的爱。

潘志涛：是的，什么都不能离开爱。

欧少琳：2008年中国发生了一件大事，即在北京举行了第29届夏季奥林匹克运动会，当时您作为奥运会开幕式仪式前表演的总导演，负责一个小时十五分钟的节目。这样一个神圣的时刻，您组织了一台可以说是中国民族民间舞蹈的专场展演，当然是大获成功，您最初的设想是什么？这样的一个做法对中国民族民间舞传承和发展的推动是什么？

潘志涛：刚接到这件事，张继刚给予我信任，也为我出了一道难题，在当时的情况下，整个国家的注意力都放在 2008 年 8 月 8 日 8 时的那一刻，作为开幕式之前在鸟巢内的表演，我认为需要有一个能代表中国人民形象和中国文化氛围的艺术形式，通过它在全世界面前展示真实的中国。

虽然都是奥运会演出，我们那个时候缺少资金、领导、时间和条件，除了困难不缺外，可以说什么都缺。开幕式 57 分钟，上上下下的工作人员有上千人。而我们承接的开幕式前表演的一个小时十五分钟，我的工作人员只有10 个，除了我以外剩下的就是我的学生了，这是个学生"你管一号门、你管二号门、你管三号门、四号门你来，你们负责道具……"，就是 10 个人这样一项一项布置下去的。

我征求组委会意见的时候，他们说没有时间，因为他们在忙着其他更重要的事情，但是我认为我做的这些事情也很重要的，只要进入了鸟巢，每一个环节都该受到重视，都不允许出任何错，因为这是展现我们中国形象的时候。很多外国人以为我们还是梳着辫子裹着小脚的模样呢！21 世纪的中国各民族的人们应该是一种自尊、自信的状态，所以我们跳的舞蹈要和以前有所变化，但是重要的是要有传统的因素存在，不能像英国人接奥运会旗的时候开着车，那不是中国的语言，我们要用中国的身体语言来表达中国的形象，所以每一个节目都需要认真对待。

对这台演出我想了很多办法，首先认为它应该是精彩纷呈的，如果只盯着某个地方看是会产生审美疲劳，所以将它进行分层，每个门前的位置上都进行表演，当然整个表演要强调一种主次关系，否则全乱了。第二个想法是在做的过程中，我把他们送过来的视频资料都预先剪辑好，剪辑出了一小时一刻钟的版本、一个半小时的版本、半个小时的版本，对待这场演出当时我预想了三个版本，半个小时，展示十几个省市；一个小时十五分钟展示二十八个省市；一个半小时展示中国的所有省市，让我们的组委会甚至是中央政治局进行审查。

现在想起来当时那个难度大呦！实际上我们这场演出组委会是没有经费投入的，演出包括演员所有的经费都是由地方政府自己出，当然这得到了各个省份的大力支持，他们认为自己的省份能得到了这样的机会，向整个世界宣传本地区本民族的舞蹈，那是相当的支持。所以都是倾尽全力，要人给人，要钱给钱，我就是得到了人民和各级政府的大力支持，这件事做成了，并且做得轰轰烈烈，因为我的力量来源于人民，来源于地方上所有艺术工作者的支持，所以有了拼劲，事情就做得成功。

欧少琳：这样一台恢弘气势的长达一个小时十五分钟的演出，对日后的中国民族民间舞的发展和创造有什么推动作用？

潘志涛：这个作用太大了，我们表演素材的来源，是从人民那里来的民间民俗活动，都是出自老百姓自己的文化艺术形式。例如春节的时候扭秧歌、三月三的时候女孩们刻意地展示一下自己，等等。这些形式最初只是民间民俗自发的一些活动，当你把它拿到课堂和教学中，加工、整理、完善后就逐渐演化为一种专业艺术行为，成为一个主流艺术活动的组成部分，有了这样一个由俗变雅的过程，它就有可能成为一种经典，例如《鄂尔多斯》这个作品就成为经典，我们整理的"胶州秧歌"、"鼓子秧歌"也成了典范。

将民间的原生态的或者说最质朴的舞蹈形式放入鸟巢，不仅能够让全世界的人都感受到真实的中国，从这些不同地域、不同民族的舞蹈者身上，也可以看到当代中国人的形象、状态和气质，每一位中国人看了他们的表演，都会产生一种自尊感和自豪感，我们的中国就是这样的中国，通过这样的表演可以深深地感受到我们真正地站起来了。说得再通俗一些，在那个时候不管展示的是什么，只要能在那里展示，就会有一种民族自豪感，更不用说是我们倾尽全力做的事情，而且还包含着浓郁的民族地域文化背景。

例如表演中我们有一个上海选送的"海派秧歌"，作为上海曾经是一个十里洋场，没有什么严格意义上的上海民族民间舞，如果说有就是这个融合中西方舞蹈元素的"海派秧歌"，也就是在上海东方明珠电视塔下面老头、老太太们所舞的那种秧歌。我认为这是可以选择的，通过这个舞蹈可以展现上海人现代的精神面貌，因为这个舞蹈既有上海人自身身体文化的特点，又融合了海内外舞蹈不同的知识，所以比较具有代表性。我本身就是上海人，我懂得上海的音乐、地方的语言，也懂得他们的自豪感！如果把这个"海派秧歌"推出来势必会影响到全中国的城镇和都市的文化，以及我们对待都市民俗舞蹈文化的一种态度。

欧少琳：当时"海派秧歌"的这些表演者就是上海明珠电视塔底下每天在那儿健身的老人？这也许会推动康复舞蹈的普及。

潘志涛：现在那个广场比比皆是跳"海派秧歌"的人，我相信这个和我们在奥运会推出的"海派新秧歌"形象是有关系的。

欧少琳：潘教授虽然您在舞蹈界被大家所熟悉，但您让中国普通百姓了解您认识您的，是您在 CCTV 电视舞蹈大赛上的精彩点评。在 CCTV 这样颇具权威的主流媒体，您连续六届一直被受邀担任特约嘉宾，这其中的诀窍在什么地方，您是用什么样的方式方法打动观众，同时点评也被选手们所认同，这其中的故事想必很精彩，能给我们讲讲吗？

潘志涛：这些年的点评当然不是我一个人自己走过来的，很重要的就是我和像你这样的主持人有过很多默契的合作。记得最开始做节目主持是在第一届"桃李杯"，当时是中央电视台主持音乐节目的刘露一同主持的，后来是与中央电视台经济台的乔冠英一起主持第二届"桃李杯"。第三届的时候是与现在的影视明星傅艺伟一起主持的，当时她是系里高度老师的爱人，我们住楼上楼下，因为很熟，主持时，就有人笑话我，说我主持风格整个一个与家里人讲话一样，没有一点主持人的严肃感，例如在主持的时候，我经常会说出小傅啊，这个舞蹈的特点是……那个演员的状态不错的，就像在家里给自己的儿媳妇或者是女儿说话的语气，这就是我最早开始接触到的电视媒体。

当时不觉得什么，只是觉得把"桃李杯"办好了就成，到了后来我才意识到媒体的力量，这远比我们在舞台上所接触的观众多得多，不是数量级的增加，而是几何级的增加。就像曾经有过一个故事讲的，在一个棋盘，第一格给了 1 粒米，第二个格给 2 粒米，第三格给 4 粒米，然后 8 粒、16 粒、32粒、64 粒，到最后整个仓库给都不够装的故事一样，电视的受众面就是这么个情况，也就是说通过电视，"桃李杯"舞蹈比赛的影响力呈几何级的传播发散，特别是在各个省市地方都发生了作用。

有这样一个经历，就是我跟吕艺生院长做完了"桃李杯"节目以后，一起到贵州去招生，然后顺道一起去看一看黄果树瀑布，结果半道上我们的车抛锚了，没有办法，就随便在乡间的一个小店里面打个尖（歇一歇）。司机把车交给别人去修了，我们就在店里喝了点水，还没说什么那个店老板见我们就问："你们是'桃李杯'的评委吧？"这一下着实让我们激动一下，在那么遥远的地方，地图上根本查不到那个小店在什么地方，他居然在电视上看了"桃李杯"，还认识了我们这些评委。那以后我开始注意到电视的作用，使得我们"桃李杯"，使得我们舞蹈，能够有这么迅速的发展，这让我看到了媒体的重要性。

还有一些人也是很重要的，比方说我曾经教过的一个学生叫赵安，他原来在中央电视台做转播方面工作的，他在我们做"桃李杯"时正在电视台做转播工作，当时估计他就已经看到我在这个方面发展的潜力，后来他做了中央电视台文艺部主任，我第一次在 CCTV 舞蹈大赛做点评工作，就是赵安推荐拍板的。

接着能够让我继续发展，能够让我在 CCTV 舞蹈大赛里继续做下去的就是朱彤，朱彤是系里田露老师的爱人，多年的交情彼此都很理解，当朱彤接手负责 CCTV 舞蹈大赛后，他继续推荐和任命我做这个工作。当然这两位电视人都跟舞蹈有关系，一位曾经是舞蹈演员，一位陪伴一个舞蹈人度过几十年时光，他们熟悉舞蹈、了解舞蹈，然后又知道舞蹈里面的人能够做怎样的工作，当然他们也是电视人中的佼佼者，有自己的思考和考量。

我作为一个舞蹈人对电视的了解，是与许多职业电视人合作后才逐步加深的，特别是与许多专业主持人的合作，使我受益匪浅，获益颇多。而这些主持人当中，我印象最深跟我主持得非常和谐融洽的，我认为有几个，一个是朱迅，一个就是董路，朱军我也觉得合作得也相当好，董卿也是相当好的合作伙伴，因为与他们合作主持过程中，我可以在电视节目里面尽情地发挥我们舞蹈的特长，当然我也会在他们的提示下再做一些比较职业的点评。

在做电视节目时，做多了也会有些心得体会，如何做能够让观众接受，并发挥一个舞蹈人的特点，我认为有几点非常重要。

第一点，要明白我们舞蹈是不说话的，我们要让它变成语言，变成别人听得懂的语言，就要站在观众的立场上去体会感受，要琢磨他看这个舞蹈的时候，他的感受以及他想知道些什么，特别是舞蹈背后的东西。必竟他们不是职业舞者，估计会有一些不懂的地方，或者说他没看到的地方，如何用普通人听得懂的语言去加以阐述，而且用舞蹈的语言、舞蹈的动作、舞蹈的表情来进行解说的时候，这就产生效果了。

第二点，就是主持点评时，尽可能地使自己说的话能够幽默诙谐，而且让人能够联想到什么，同时要把自己的位置搁在一个朋友的位置，桥梁和窗口的位置上，不能像有些比赛的点评嘉宾，总把自己放在一个专家、学者、教授的位置上，当你说教的时候观众就离你远了。我时常在思考这个问题，其他在我这个位置上的点评嘉宾或者评委，他们学问比我大得多，他们讲出来的东西也比我深刻得多，但是往往他们受欢迎的程度不如我，为什么呢？就是因为我把自己定位成一位快乐的老先生，一个能够跟大家沟通能当朋友，并能够告诉大家点什么的亲切的老先生。

第三点，做一个介绍专业知识的点评嘉宾，首先是你要熟悉并能身体力行地演绎和分析这个专业。在 CCTV 舞蹈大赛中，我不仅只是说的，更重要的是还用上了我的身体语言，用上了我一生积淀下来的中国民族民间舞蹈里面的相关知识，以及一些创造性的发挥和变化，所以我就获得了大家的认同，获得了大家的欢迎。

比如有一次点评，因为一个叫《刀郎麦西来甫》的节目，整个台上台下都融成了一片，我在点评这个节目时，当许多观众为我捏一把汗的时候，我心里却非常有数。麦西来甫是维吾尔族家庭歌舞聚会的一种活动，因为地域的不同舞蹈表现内容和方式也不尽相同，刀郎麦西来甫主要分布在叶尔羌河流域，一个叫麦盖提的地方，当然阿瓦提也有，这套歌舞由五部分组成，一开始散序只唱不舞，接下来就奇克提麦节奏的舞蹈，然后是赛乃姆，接着是赛乃凯斯，最后是赛勒玛共五段，20 世纪 80 年代我们专门到过那个地方去学习采风，进行过田野作业的，所以我很熟悉它，加之多年我在课堂上教授维吾尔族舞蹈课程时也教的是这些。所以对这个舞蹈的起承转合怎么跳，音乐的特色是什么，节拍节奏怎么数，以及舞蹈背后的生活和文化背景，都可以说是如数家珍，所以我跟朱迅配合点评时，就如有神来之笔，不但诙谐幽默而且知识信息点也很足，自然很快获得了观众的认可，演播现场掌声不断……

观众看到我们的是风光的一面，其实做这项工作是很困难的事情，在晚上直播之前，我们一定要在下午选手排练的时候，就从头到尾地看。而且在看的过程当中，要跟中央台的主持人不断地交换意见，这个节目你怎么看，她谈出她的想法，我说出我的看法，开始碰撞找寻合适精彩的话题，碰撞之后谈论的话题基本上定型了。充其量就是快开始的时候，主持人会说下午咱们谈的那点，老师一会直播时咱们在这地方能不能有个衍生，也就是说的时候发挥一下，这个时候其实节目早已经成了，只不过带着观众在镜头前重新演一遍。

这永远不会像有些观众想的那样，节目一开始我们就是即兴地说，到了现场就能够生发出来一些即兴的精彩的话题，电视观众也能接受我们这些即兴的东西，其实这个即兴的前提，是我们已经做了很多的准备工作、备足了课。当然现场你所要表述的还是与备课时不一样，因为有现场即兴的成分，甚至到了气氛非常好的时候，我们也会自己跳起来，一激动自然备好的词就会忘得不知所云，这个时候就看现场的应变能力了。

所以对做这件事我的态度是很严肃的，定位也是需要很准确的，实际上最重要的是，我自己对这个工作有个不一样的认识，也就是说我年纪再大，虽然是一名教授、专家，但是在电视前，在全国人民面前，要有责任不能乱说，对自己所做工作的性质、目的，自己先想清楚做明白，然后再奉献给观众，这跟创作、编排节目、教学、上课一样。

当然做的过程中也会遇到一些麻烦，有些电视人为了取得效果，动不动就要让你去表演一下，你就会觉得不大好受，你会觉得就有点被要的感觉，我不想炫也不想要，我就是要自然而然地结合我自己的舞蹈和学识，给观众一个升华了的和有探究学问式的评论和认识，我也一直坚持做这样的事情。当然电视为了收视率，也要求自己把这些东西做得生动活泼，于是就会有人说我像个老小孩，事实上我也真的是在电视里面不遗余力地做秀，当然即便这个年龄我也会考虑一下身份和尊严的问题，但该我做的时候必须要做，不能端着、不能假，要呈现真实的一个状态，想笑的时候我就要笑，能够模仿的时候我就要模仿，甚至舞蹈的地方我也会舞蹈。

其实现在的老头老太太们，活泼愉快的人可有的是，有童心的人也有的是，如果我们老端在那地方，像个教授老学究那个样子，像一个过去七十来岁不怒自威老者的样子，观众是不会买你账的，因为你干的工作它要求的就是你要带给观众知识和快乐，与其用说教的方式，不如用一种轻松愉快幽默诙谐的方式，现在的社会说教就够多了、压力就够大了，看电视不看点轻松的，想到这点我就没有什么顾虑了，我想绝大多数的观众是能够接受我这一点的。

再一个就是有人给我提议，说在电视上你总得批评一点什么，让我说出点我不喜欢的东西，对这个提议我不敢苟同，基本上也不做这事儿。当然我也曾经试过一次，就是看某个歌舞团的一个傣族舞蹈，然后就觉得她们那个腿部脚下的动作，跟穿着的裙子不和谐，我就觉得这里面是动作的设计不相宜，带有不纯的成分，也就是说傣族的舞蹈，最好基本上用傣族的审美和傣族的身体形态来完成舞蹈的创作，而不是硬绷绷地把现代舞地面技术用在这个作品中。现场我就建议他们在音乐快板的这一段，再好好地考虑一下，傣族自身的特点就体现在膝盖、髋骨以及上身所扭拧出来的三道弯上。说了这些以后，第二天他们的副团长半认真半玩笑地就来找我说："潘老师，我们全团都在看这个节目，你所有的节目都没有提出过批评和建议，你在这地方给我们提出批评，是我们平时做得不好吗？"从这件事引发我不同思考，你就提这么一点点批评和建议的时候，他们心里就会不舒服，因为好不容易有一次让他们美好的形象展现在全国人民面前的时候，被你这么一说，那面子是丢大了，什么叫美，合适的时间、合适的地点，做合适的事这才叫美。

要提意见可以私下提，或者直接参与到创作排练的过程中去提，在电视上就应该多提那个曾经做得好的有光彩的地方，少说一些让大家都灰心丧气和令人郁闷的话，因为舞蹈一共才6分钟，你提完了以后，让人下边怎么生活？怎么做人？难道不成下半辈子再努力？所以我不主张在这么短的时间里面去提一些批评意见，显得我高人一等。虽然我不做这样的事情，但是必要的真诚的建议我还是有的，毕竟适中和圆滑是不同的。

欧少琳：所以这12年以来，以我们这个普通老百姓家庭为例，老中青三代，每一次看CCTV舞蹈大赛演出的时候，更大的期望就是特别希望潘爷爷出来说话，那时候我们家所有人都会屏住呼吸仔细倾听，心想潘爷爷今天又有哪些神来之笔，又有哪些精彩的点评，能够让我们普通观众能够读懂舞蹈，走进舞蹈的世界。

潘志涛：这真是谢谢你们，这些年也是压力越来越大，我当然希望大家更多地关注我们的舞蹈，也希望通过我的介绍，在普通观众和舞蹈艺术之间架起一座桥梁，使更多的人喜欢和了解我们的舞蹈。

但是要让大家能够持续地认识舞蹈，喜欢我这样一个角色，谈何容易呢！所以只要让我做，我就继续做，而且还要继续努力地做下去，特别是在深度和广度方面都要进行新的思考。你看最近CCTV舞蹈比赛时，我们有两次是3个人在一起做节目，当然我说话的机会可能少了，但是我作为一个老先生，我在这个里面主要是起着一个沟通、贯穿和铺垫的作用。就像是踢足球，我踢得好，到了边线以后，我传中让别人射门就行了。"传中"也是一个很好的作用，因为舞蹈界或者电视舞蹈大赛，如果要持续地举办下去，必须有一大批优秀的人才出来，无论是各个方面的，我作为一位老先生，现在需要做一些这样的工作，把更适合的、更有能力做的人培养起来扶持上来，当然自己也有不可推卸的责任，只要观众喜欢，自己就继续做下去。

欧少琳：压力越大是因为您在全国各地的粉丝越来越多了，我相信很多观众朋友都像我一样，还期待着在下一届 CCTV 舞蹈比赛当中，看到您精彩的点评，再继续丰富我们的舞蹈知识，这是咱们俩的约定，就这么定了！

潘志涛：可以，但那就是明年的事儿了。

欧少琳：奥运会之后，2009 年您又参加新中国成立 60 周年《复兴之路》大型音乐舞蹈史诗的创作任务，在其中担任舞蹈部主任一职。在这样的一个政治性艺术作品中，第五章节整个编导组刻意地安排成中国民族民间舞的专场展演，诸如《吉祥草原》、《葡萄熟了》、《好日子》等不同民族舞蹈作品，您觉得为什么这样安排？在人们固定的思维模式中，中国民族民间舞这样的舞蹈是不应登大雅之堂的，但是它现在却在人民大会堂演出，这其中说明什么，它在预示着中国民族民间舞的性质发生了哪些变化，能给我们详细说说吗？

潘志涛：这个其实不是我的想法，那是总导演张继刚的想法，而张继刚又是学院毕业的，也当过我们系的老师，他最早从事的就是中国民族民间舞蹈这方面的工作，他之所以能够成为一个大导演，这和他对我们中国民族民间舞蹈的情感，还有对于自己家乡舞蹈的熟悉程度是分不开的，相信这些都是他成功的基础。

我是由他选择来担任这个舞蹈部主任的，舞蹈部按他的定位，就是说整个《复兴之路》能看得见的地方都归我们舞蹈部负责，这说明我们是多么的重要。所有能看得见的地方，除了舞蹈和背景、演员、观众席之外，这当中还包括灯光、布景、服装、道具，等等，甚至还包括 LED 跟舞蹈怎么配合，音乐怎么跟舞蹈配合，合唱队怎么跟舞蹈配合等各种问题都要我们负责。要实现这些舞美布置配合舞台绝佳呈现，必不可少的就是舞蹈部全体人员与整场演出其他部门的大力协调和有效运作。

大型音乐歌舞史诗简称大歌舞，是中华人民共和国 1949 年成立后，用歌舞的形式来表达整个中国革命历程的一台专场演出，新中国成立之初到今天前后做过《人民胜利万岁》、《东方红》、《中国革命之歌》以及最近我们做的这台《复兴之路》共四部。大歌舞作为新中国开创性的艺术种类，尽管是歌伴舞或者舞伴歌的艺术表现形式，但因为高度的政治性和严谨的艺术性，有很多人看了都会说，这里面他们看到的歌伴舞或者舞伴歌，是他们一生中看到过最有水平最上档次的。

对于新中国成立后的大歌舞《人民胜利万岁》是新中国刚成立时做的，作为当时从战乱中成立的新中国，整个国家和社会真是千疮百孔、百废待兴，在当时的情况下这台演出的艺术品质和表现手段相对比较简单，加之创作的时间也比较仓促，所以普通民众很少知道这台演出。给中国人留下影响最深刻的是《东方红》大歌舞，即便这么长一段时间过去了，大家依然记忆犹新，因为当时的这台大歌舞是在周恩来总理亲自关怀下成型的，加之经过一段时期的建设，国家的经济、文化、艺术人才培养等各个方面都有了相当的起色，在财力、物力、人力的保证下《东方红》所取得的艺术成就是相当突出的，直到今天许多艺术评论家对这台大歌舞的艺术品质还是赞不绝口。《中国革命之歌》是打倒"四人帮"之后做的，作为当时中国的文艺界在"文化大革命"时期几乎被摧残的七零八落，在这样的一个时期做出的大歌舞《中国革命之歌》，应该说也没有留下什么深刻的印象。当然还有另外一个原因，就是国家把注意力转移到改革开放和经济建设上来了，对待《中国革命之歌》这样的大歌舞，给予的关注和重视较比《东方红》时期应该是轻很多。

这次是中华人民共和国成立60周年，也就是说在这么一个特殊的日子里，我们通过大歌舞的艺术形式谱写和回顾中国近现代史和当代史，这台演出表现的历史从1840年开始一直持续到今天，也就是说演出的结点是在中华人民共和国成立到成立60周年的这一刻。如何梳理新中国成立60周年与1840年旧中国之间的关系，如何表现这169年的历史，创作的思路和做法都会跟《东方红》大大的不同。《东方红》的结点是在1949年，在这个结点上设计一个全国欢腾的场景作为结束，是比较容易实现，而且也容易表现，因为那时人们的喜悦是一种由衷的、无拘无束的、解放了的快乐，因为终于成了国家的主人了，这种愉悦开心就跟小孩过生日一样，是单纯而尽情的。

面对《复兴之路》，新中国成立60年都过去了，你再将新中国成立之后的快乐当成晚会结点作为表现核心时，出现的艺术效果就不像1949年或者新中国成立初期那样鲜明而适宜了。我们不说远的，就只说"文化大革命"这10年，有多少喜怒哀乐，有多少疑惑，有多少痛苦，经过这段历史我们再表现快乐，是不是还有《东方红》时期那种由衷的、像孩子般的快乐呢？当然欢庆新中国成立60周年用热闹欢乐的场面作为结尾那是肯定的，但这个时候的快乐，应该是成熟的快乐，是深层的快乐，是经过了一番风雨之后，一种深刻的快乐。这种快乐拿什么来表现？拿什么才能够超越《东方红》时期那种简单而单纯的，或者说马上看得见的摸得着的快乐？在《复兴之路》创作构思中这是一个新的课题。

把甲午战争、辛亥革命、新民主主义革命、社会主义建设、"文化大革命"这几页厚重的历史翻过去，我们发现改革开放30年值得我们回忆的东西也很多，因为这时的中国人民真正地站立起来了，我们变富了、不差钱了，民族自尊心、自信心陡然地真正树立起来了，这种愉悦、这种快乐也是看得见摸得着的，而这也是经过了风雨，经过了困难挫折以后，中国人通过拼搏努力所取得的，它是有依据的。

如何表现这种改革开放30年后中国人民取得的成就获得的喜悦，中国人自发的发自内心的欢乐，最好的素材和最好的形式就是通过各民族的歌舞加以呈现，于是我们在《复兴之路》第五章中就选择了用各民族欢歌乐舞的形式表现中国人民在新中国成立60年时的喜悦，其实也是在表现新中国成立60年中国舞蹈人的喜悦。实事求是地说，新中国舞蹈事业的发展是与共和国的前进同步的，人家说没有共产党就没有新中国，我也可以这样说，没有新中国就没有我们的舞蹈事业。

新中国有多大的成就，我们舞蹈就有多大的成就；新中国有多大的步伐、有多大步态，我们舞蹈也就有多大的步伐、有多大的步态。因此用中国民族舞蹈来表现这段历史，表现这个时期全国上下各族人民积极向上精神面貌的时候，应该是最生动、最贴切而且是最由衷地抒发出来的那种情感和美感的。

我在《复兴之路》里面作为一名中国民族民间舞老教员，以及一名老舞蹈工作者，我们把新中国成立60周年的这一段历史用中国民族民间舞呈现出来，作为我支持中国民族民间舞蹈工作的重点和要点问心无愧。张继刚总导演他也知道在这方面我肯定是最能够出主意和想办法的一个顾问，他选择我就是希望在这些关键点上提出合理化的建议，他对我说只要我坐在那个地方，就是一个力量，我一点头就是他的一个信心，我一个笑容、一个掌声，就是对他一个鼓励。因此《复兴之路》第五篇章完全用中国民族民间舞表现，就这样实现了，收到的反馈也是好评如潮，不仅是领导的，更多的是各个地方不同民族的赞赏，他们认为在这样一台晚会上感受到祖国大家庭的温暖，获得了民族的尊严，我也认为这个篇章是整场演出当中一个非常重要的亮点，可以说能和皇冠上的明珠钻石相媲美。

欧少琳：潘教授，您作为中国民族民间舞的资深教授，现已快70岁了，但时常见您带着学生定期到民间做调研，例如今年2月份您带着研究生去云南德宏进行采风，一般说这么大的岁数，您在家教学就好，为什么一定要亲力亲为呢？这其中的动因是什么？同时您能否给我们讲讲您做田野的工作经验？您认为今天的采风田野作业，与我们专业的舞蹈教学和创作之间的必然联系是什么？

潘志涛：我将近70岁了，但是做得还不够，作为一名民间舞工作者采风是基本功，我的民间舞启蒙老师罗雄岩先生他这两天又去了新疆，这么大年纪已经84岁了，还在塔什库尔干那个地方采风，那可是一个海拔三四千米的高原地区，虽然他去过了很多次了，但是只要有机会他还是要去，这已经成了一种习惯。或者说作为一个民间舞人，都有这样的一个追求，也就是说民间舞人的根基在那里，民间舞人的根基就是老百姓他们自己创造、自己传承、自己表演的那种舞蹈形式。

当你要将一个民族地区的舞蹈发展成为一种艺术形式的时候，你对那里的人民不了解，对他们的生活不清楚，对他们的舞蹈的来龙去脉不明白，那么在你的作品当中，在你的教学当中，就等于是一个没有学问的人。之所以要带我的研究生们去做这样的工作，首先我认为这项工作就是作为一个民间舞人的基本功，就是说，如果想要做民间舞的事情，第一步先向人民学习，不是向我学习，但要向我学习什么东西呢？就是用向人民学习的那个方法，而这个方法就是怎样学会从人民当中提炼舞蹈素材，怎样将这些素材消化成我们课堂的教材，又凝练升华成或者创作成源于生活、高于生活的艺术作品，这个学问可就大了，可以说意蕴深厚。

欧少琳：我们知道您这么资深的教授，带着孩子们进行这么深入的田野调查，一定是事先要做大量的准备工作，同时田野调查也是有着一套非常严谨的方法和理论体系的，能给我们介绍介绍吗？

潘志涛：没错，确实是需要做大量的前期准备工作，我早期的一个学生，也是我启蒙老师罗雄岩的研究生，他在写我们《中国民族民间舞教学法》这本书的时候，里面有一个重要章节，就是介绍如何进行田野调查，有空可以看看。

田野调查的方法很多，但首先你先要解决的是一个心态问题，解决你的立场问题。就是说如果你把田野调查当作一次猎奇、泛泛了解，或者说是一个假期旅游的话，那你不会太有出息，要实实在在地拿出真正有用的成果的话，最重要的是你要把你的立场，把你整个的感情、你整个的心思移到你要进行研究的对象身上，要有一个非常投入的状态，对它你必须感兴趣，你必须喜欢它，只有你对它有兴趣，你才能产生灵感和动力，才可能最终出现你所期待的研究成果，如果不投入，不深入下去发掘和探索，那么最后你只能是一知半解，就跟毛主席的《在延安文艺座谈会上的讲话》说的一样，那就是走马看花，就是蜻蜓点水，完全没有意义。

欧少琳：在田野调查的前期准备工作当中，您给学生灌输的是什么样的一种理念？怎么安排他们完成自己的任务？

潘志涛：正好跟你想的不一样，首先我是带着他们吃饭。

欧少琳：你们到哪里饭呢？

潘志涛：我们走到哪里吃到哪里，例如去云南就吃云南的饭，而且每上来一样东西，包括那些炸过的虫子，还有就是口感非常酸涩的那种笋，和所有的那些没见过和没尝过的东西，我都逼他们对之产生兴趣，必须让他们尝一尝，首先跟原住民的生活产生联系，才能够在艺术上产生共鸣。他们的饮食，他们的音乐，他们的服饰，以至他们的民间故事和他们的住房等，都要有所了解。

所有的这一切，作为民间舞人都应该产生对他们进行了解的一种欲望，在这个过程之后，你再去看他们的刀舞，再看他们的鱼舞，等等，内心里面才能形成一种真正意义上的理解，才能够知道这里面生命内容的亮点。

我从年轻的时候就开始采风，经过长期的摸索和思考，才能够获得这样的一种灵感，才能够懂得采风的真意之所在。我出生在上海，长在北京，只有一小段时间在广州当校长，也就是说中国最大的三个城市，基本上都是我成长过程中的驿站，但为什么我会对老百姓的生活，对老百姓的所有这一切产生这么浓厚的兴趣呢？甚至能够产生我这样的人生观和世界观呢？主要就是因为在我从事的这个专业当中，得到了一个很大的滋养，使我对自己的民族、对我们自己的历史、对我们自己的祖国产生了一种深入透彻的了解，产生了一种由衷的、一种流淌在血液里面的情感情愫。

我记得有一次到陕北去，在陕北高原坐着长途汽车，那是一棵草都看不见，一棵树都看不见，底下是深不可测的黄河在浩荡流淌，你想汲取黄河一点点水，得花上一天的时间，下去半天，上来半天，他们就是在这样的环境当中生存，生活极其艰苦。我估计一天有半斤粮食就算很不错了，我们在途中想打个尖，吃一碗面条，人多的需要钻进钻出好几层才能够买到面条。那真是挤得不得了，我扭着屁股端着三碗面拱出来后，正准备吃的时候，乘坐的长途汽车竟然开走了，更夸张的是刚一动筷子就有十几双小手跟你要饭，当地的生活就是这样，是想象不出来的艰难。但是当你看到，在节日里他们跳陕北秧歌的状态时，你眼泪不自觉地掉下来，会被他们感动，因为他们天生有一种乐观的精神，天生有一种什么都压不垮他们、打不倒他们的精神力量，只有在那种环境下你才能够领会到这样一种精神，一种坚忍不拔的民族精神。

当生活在都市，生活在一个无忧无虑的环境里面，你的责任在什么地方？这是我经常思考的一个问题。我不能使他们致富，但我起码能够把他们的艺术和他们的状态教授给我的学生，从而改变学生们的精神状态。每一次这样的采风，都能够触动自己的灵魂和心灵，真正地从内心深处感到激动。

记得有一年去广东汕头学英歌，也大概是春节前后，看完了那个激动的心情无以言表！第二年拉着马力学老师又去那个地方看了一次，当时正好"四人帮"被打倒，十几个队在那儿呼呼嗙嗙、呼呼嗙嗙，打得那个高兴呦！用身体来表达他们内心真实的喜悦，马老师那年 40 多岁，看了以后眼泪是止不住地流，我尽管是已经看过、学过，但是这次看还是浑身鸡皮疙瘩都起来，他们的表演打动了我，这些也就是我要教给研究生们的东西，因为艺术的生命力在那，你要学习的基本功也在那。

我逼着我的研究生们到民间深入生活，一开始他们不是太理解，因为那些地方连上个厕所都很困难，而且要住在老乡家里头，或者是条件不太好的地方，卫生条件差，吃的也很差，让他们去那个地方踏踏实实地做点事情，并不是很容易的。

记得有一次，我将一拨研究生春节的时候派下去，听说在西方情人节那天他们要离开采风的地方，托了很多关系好不容易把他们安排到那个地方去，结果还没仔细地看一看学一学就准备走，这多么浪费。知道后我立刻赶了过去，拿着毛主席《在延安文艺座谈会上的讲话》，并在现场给他们念了一段，现在想想，确实挺可笑的，我竟然成了这么僵化的一个老头，就这样还是没起太大作用，我前脚一走他们也纷纷离开。我想要真正地使他们从心底认识产生作用，你得身先士卒地做好表率，然后告诉他们："只有你热爱民间的一切，你做出来的东西，才能够经得起日后的检验，才能接地气有活力，有别人做不到的东西。"学生明白这个道理，他才能够心服口服，发自内心地接受你的教育，接受你在这个学科上探索出来的一些真理和规律。

所以，无论是在田野作业还是在研究生教育当中，我觉得学生跟着我能学出多少东西？我能讲出多少东西？我只不过是知道九牛一毛当中的一点点，但是我可以引导他们去探索更多的东西，告诉他们在九牛一毛当中得到二毛、三毛、四毛的方式方法，能够在沧海一粟当中拿到一斗，我想这是我教给他们需要继承的精神财富和方式方法。

我现在有一个研究生，毕业后留在我们学院舞蹈博物馆，现也成为一位具体负责的同志，最近又带着她的小师妹到云南去做较小民族的调研采访，我想她们现在已经学会做这样的事情了。记得当时我逼着她们去河北井陉的时候，还三番五次地给她们做思想工作，因为她们当时不一定能理解我的良苦用心，现在可好了，不用我逼她们了，也不用我带着去了，她们自己带着她们的学生，自发主动地去做这样的工作，这不是很好吗！后继有人了。

前些日子我看到我们系里去云南香格里拉的一拨学生，在当地田野采风一共也就去了17天，当我看了他们学习回来的舞蹈后，看到他们整个精神面貌都发生了变化，能够在他们身上感受到香格里拉当地人的状态和生命力的时候，又一次热泪盈眶了，真的是发自内心地被他们感动。在场的不只是我，我身旁所有的观众和老师，都被他们所感动，我相信像这样的工作能够继续做下去的话，文化强国的理想，可能就从这些事情上率先落实。

欧少琳：我们知道，您一直主张中国民族民间舞蹈一定要与人民紧密地联系在一起，来自人民又要回归人民中去。本着这样一个理念，您现在除了在北京舞蹈学院授课外，还时常做着新秧歌代言人，东城区文联舞蹈家协会主席，在群众中传播普及中国民族民间舞蹈，为什么您要这么做，能给我们说说其中的理由吗？在这个过程当中，您又有哪些感受呢？

潘志涛：我学的是中国民族民间舞蹈专业，民族民间舞本身也不应该只是北京舞蹈学院一家的事情，它应该是全社会大家共有的财富，当我们所有国民都能够喜欢我们自己舞蹈的时候，那才是我们实现理想的时候。所以对精英教育，对北京舞蹈学院的未来，我是这样看，光培养几个会跳舞的专业人士是不够的，我这里指的会跳舞的人，是那种仅仅局限在舞台上，不管什么情况把腿从旁边搬起来，或者不管什么情况就翻跟头的那种人。也就是说这种只注重技术技巧人才培养的做法，不应该成为一种高精尖人才培养的目标，技术技巧只是高精尖人才培养的一部分而已，真正的高精尖是用身体表现文化，用身体来表达自己高尚理想和最佳的舞蹈形象，那才是我们应该追求的东西。

更重要的是，我们所有的努力只有获得广大人民群众的喜欢，得到他们的认同和共鸣，才会有真正的成就感。如果我们只是在北京舞蹈学院里面，在舞蹈象牙塔里面努力、奋斗、自己过瘾，自己欣赏自己的时候，那你的路肯定是越走越窄，这不是我们应该期待的状态。

因此，我从事的职业本身要求我不能这样，同时我也认识到如果我们是舞蹈高精尖的代表，我们在塔尖上，那么这个塔基也应该是宽、广、大的，塔基越宽、越广、越大我们这个塔尖就越高越尖，越有一种穿透力。如果我们只强调一个小小的尖，就这么点儿，怎么能叫高精尖？因此我就想，我们应该与更多的群众有互动。现在整个社会处在转型期，农村变成了城镇，农民变成了市民，变成了农民工了，很多人也都在城市里生活，自然这些人的需求也逐渐变得跟你我一样，你做的舞蹈要跟他们有着一种认同，或者说有一种关联，有一种互动，这就是我们常说的接地气。

所以，我就想既然社会需要我，或者说需要我去做点事情的时候，需要我去鼓励他们或者产生影响的时候，我不会吝啬自己的体力和时间的，无论这个活动是有劳务费的还是没劳务费的。现在没有我值不值得去做的事情，只有有没有时间去做的事情，只要有时间我会尽可能地跑到那个地方去，跟大家聊聊说说舞蹈，握握手合合影，我愿意做这样的事情。记得有一次，我在机场里换登机牌的时候，突然从我身后跑上来一个人问我是不是新秧歌的代言人，有没有那个秧歌光碟给他寄一份，我当时就记下他的地址，回到家就给他寄了一份，做完很开心。我认为我们就应该是群众中的一员，群众跟我们的舞蹈产生了联系，他喜欢舞蹈，或者说是舞蹈的粉丝，这些粉丝可不能得罪，因为这是我们这个事业的基础。虽然我现在老了，但做事的干劲没有减，十年前我就组织了我们系里的老师，开始做这方面的工作，具体的表现就是中国民族民间舞少儿考级，进行少年儿童的舞蹈普及。

做这件事就跟我做"桃李杯"时的主张一样，重在参与不重考级，不是要把考级作为一门学习功课，而是作为愉悦生活的一部分，就是说我希望通过考级这样一个平台，使孩子们愉悦快乐，让他们在舞蹈中学习不同的民族文化和舞蹈知识。在这套考级中，我们每一年给孩子们准备10个可以表演的舞蹈剧目，诸如《数星星》、《小孔雀》、《花帽舞》等舞蹈剧目，从学龄前三年一直到小学六年，中学六年，每一个年级我们都给他们准备了10个舞蹈剧目，加起来一共就是150个。我主张把我们国家汉族、藏族、蒙古族、维吾尔族、朝鲜族等各个少数民族的舞蹈，也就是说全国56个民族的舞蹈，都编成小朋友、小学生、中学生能够表演的舞蹈剧目，用这些剧目进行舞蹈普及，传播中国民族舞蹈文化，你说这意义能不重大吗？通过这个我们能够把中国民族民间舞潜移默化地普及到广大喜欢舞蹈的孩子们身上。

现在有些少儿舞蹈要求孩子们动不动就开始搬腿，动不动就开始下腰、劈叉、前桥、侧手翻，我是很痛心这种现象的出现，就觉得有很多舞蹈老师过于不负责任，他不教真正的舞蹈，教的是什么？教的就是把腿抬高再抬高，压腿再压腿，翻跟头再翻一个，学完以后学生还是不会舞蹈，练下去对舞蹈的兴趣也没了。为了解决这种舞蹈教育误导的局面，我想我编的这套教材是能够让广大孩子们开心地跳舞，能够提供一个平台让他们充分地表现自己，就跟我女儿学习舞蹈一样，她的专业是管理，现在也是一位母亲了，但是她周末还是会去跳舞，因为跳舞的时候，是她发自内心感到真正愉快的时候。我这样做就是希望更多的孩子和更多的百姓能够喜欢、享受我们中国自己的舞蹈，在国内出现舞蹈文化百花齐放的局面。

欧少琳：我们知道中国民族民间舞考级现在已经被普及传播开来，据说港、澳、台，东南亚甚至北美都有传播？

潘志涛：虽然我做的这个中国民族民间舞考级，真正开始传播也就这三四年的工夫，从开始准备到现在为止差不多有 10 年时间了。在这个过程当中我们还在台湾进行过传播，当时我印象很深的就是那时台湾还在去"中国化"。

我们的考级在台湾传播首先是在台北县，在结业考试的时候，当地的老师在台北市，找了一个很大的剧场，我们几个评委看着几千名台湾孩子在那儿跳中国民族民间舞蹈，就是我们编的那些舞蹈剧目，一跳就是两个钟头，一拨又一拨学生做表演，那个场面壮观呀！我也是觉得，哎！话从何说起呢？你再去"中国化"没有用，老百姓自己知道他的血液里头流的是什么样的血。

今年夏天，我们又有一个表演队伍去了纽约，是在纽约地区附近的一个市，去年我跟他们市长签了一个协议，让我们孩子到那个地方去表现中国舞蹈，那边的孩子也可以到北京来表演他们的节目，做一个舞蹈文化上的交流，所以就有了今年几十个孩子飞到纽约去表演中国民族民间舞的事情，相信这对孩子们的成长非常有益，是一个很好的促进。

现在香港、澳门、马来西亚都已经有考级点了，当然推广的重点最主要的还是在国内，差不多全国各个大的省市地区都有我们推广的点，反馈上来的信息，都说非常受欢迎，所以我们考级中心每一位老师都非常忙。有一个以前跟着我学中国舞专业的学生，现在做考级老师，一直跟我在微信和手机上有联系，但是基本看不见她人，因为她一只脚不着地，平时除了上课，基本上都在飞机上，比我飞得还勤。

之所以孩子们喜欢我们的教材，家长认同我们的教材，是因为我们的教学理念和教学思路比较正确，这跟我们对中国民族民间舞这个专业的追求紧密联系，息息相关，即"以传承、弘扬中国本土舞蹈为荣，用自己的身体表现、认同、承传中国不同的民族文化，沿承和续写民族舞蹈的辉煌！"因此，我们的这个工作不仅显得越来越重要，而且越来越能够获得大家在艺术上的肯定。现在我觉得尽管我退休这么多年了，结果却是越退休越忙活，越退休越休不成！

欧少琳：我们也知道，现在除了民间舞考级以外，还有中国舞考级、芭蕾舞考级，而且这些考级都是从咱们北京舞蹈学院开始的，您是怎么看待民间舞考级和这两种考级的不同？

潘志涛： 你这个提醒很重要，因为所有的这些考级，从积极的意义上来说，对孩子们的成长都是有非常大的作用的。你比方说弹钢琴，孩子从小学弹钢琴，很多时候家长不靠打骂孩子是根本学不出成果来的。傅聪（钢琴家）就是一个很好的例子，他爸爸和他长时间的书信来往你就可以看得出，他爸爸对他的要求是非常严格的，只有这样才能培养出音乐家。但不是对每一个孩子都适合，这需要做一个反思，我认为只有少数聪明、勤奋的孩子适合这种教育方式。

就像我们的芭蕾舞和古典舞，它们都是精英教育的一部分，一开始我们的中国舞的考级目标，为的是扩大北京舞蹈学院的生源，到了后来才逐渐地开始往素质教育那个方向去考虑。但是所有的教材以及与之相关的教学，基本上都离不开舞蹈精英教育的模式和框架，所以培养出来的孩子，内心愉悦感不够。

芭蕾舞考级也有这样的情况，你要真的立起脚尖来，真的做到开、绷、直、立，没有四五年的工夫，根本没法上舞台，这种精英教育对一个未来不一定从事舞蹈职业的孩子来说，是不是有些过于严苛了。但是我们的中国民族民间舞蹈考级就不一样，只要进行系统的训练，即使他不练功，150个剧目学下来他就是舞蹈家了。因为中国民族民间舞蹈本身就不存在一个严格、量化的规范和标准，没有开、绷、直、立的问题，只要你由心而跳，愉悦地跳，你就是舞蹈家，所以我想对待一些不打算做职业舞者的孩子，可能更适合学习中国民族民间舞的考级。

欧少琳： 潘教授您也带了大约十届研究生了，您能讲讲您当硕士生导师的心得吗？

潘志涛： 如果问我对我们的研究生有什么期望的话，我会让他们去热爱人民，熟悉人民，站到人民中间去，这样才能成为民间舞方面的专家，所以我说热爱人民吧！这是我对他们的期望。

欧少琳： 其实在每个不同的阶段，您都需要给予孩子应该赋予他的自信、责任和信任。

感谢潘志涛教授带给我们这么多值得分享的精彩话题，在这其中我们不仅可以感受到您是如何成长的，也学到了您是如何做事的，更见证了您是如何承担履行对国家、对社会、对中国舞蹈教育的一份责任和义务。

这次采访的时间不长，采访议题讨论的深度也不够，尽管这样您做人、做事、做学问、做父母的经历和感受，都给我们留下了许多睿智不平凡的思考。对您接受我们的采访，您生动、幽默、智慧、哲理的讲述，我们再一次向您表示感谢！也希望您能继续引领您现在开拓的事业，培养出更多优秀的学生！同时祝愿您身体健康，笑声永在！持续地为中国舞蹈事业做出更多前人未做过的事情，干出不平凡的成就……

采访时间： 2012 年 7 月 14 日

采访地点： 北京舞蹈学院沙龙舞台

采访人： 欧少琳

采访人简介： 欧少琳，北京舞蹈学院研究生部教师。1992—1994 年福建电视台特邀节目主持人，独立主持"影视同期声"、"海外掠影"等栏目。1995 年考入北京舞蹈学院中国古典舞系学习，2004 年北京语言文化大学外语专业第二学历毕业后，同年考入北京舞蹈学院师从王佩英教授，攻读中国古典舞教育与表演理论方向硕士。发表《霓裳羽衣舞翩纤逆向溯归觅传统》等数篇学术文章，参与编撰《舞蹈表演理论课试用教本》、《中国古典舞发展史（1990—2000 年）》、《舞蹈表演理论与实践教程》及《西方舞蹈表演史纲》等多部教材，连续四届（2006—2012 年）任北京国际舞蹈院校芭蕾舞邀请赛双语主持。

·中篇　灼见亲知述说·

我和潘志涛的三个情结

——罗雄岩教授访谈

【人物介绍】罗雄岩，现任北京舞蹈学院教授、新疆艺术学院客座教授、文化部中国民族民间文化发展中心特约研究员，国家非物质文化遗产保护工程专家委员会委员。所撰写的《中国民间舞蹈文化教程》一书，获北京舞蹈学院教材建设一等奖，文化部高等艺术院校优秀教材二等奖，并列入《中国艺术教育大系·舞蹈卷》。

【访谈简介】罗雄岩教授是潘志涛教授的民间舞启蒙老师，他们一位专攻民间舞蹈文化研究，一位致力于民族民间舞的教育和普及，对当代中国民族民间舞事业的发展发挥了重要作用。他们曾共同去新疆、山东等地采风，为建设北京舞蹈学院中国民族民间舞系的教材共同努力。罗雄岩教授不仅是良师，更是潘志涛教授的益友，他们在生活中相互关怀，并在各自的研究领域为中国民族民间舞事业的发展贡献自己的力量。

周狄： 罗老师，您好！我们常听潘老师说您是他的启蒙老师，也是他的人生导师，您对于舞蹈文化执著的研究对他影响非常大。听说潘老师一入学学习民间舞就是您授课，您能不能给我们讲一讲，当时的授课是怎样的情形，后来两人的关系为什么这么好？

罗雄岩： 我想是这样的，半个多世纪以来，我和潘老师一直保持着友好往来，有三个情结可以看出我们的密切关系。第一个是师生与同事的情结。他入学的时候当我的学生，现在我们都是教授，都是在给研究生上课的同事。第二个情结就是对民间舞都有执著、深刻的追求，重视采风学舞，不断地下乡访问学习，编写教材。第三个情结就是我们的性格很相投，我们都很乐观，对事情都愿意找一个原因，在专业上都有自己的看法和自己的建树，该是乐观求索精神吧。

周狄： 那咱们先说说第一个情结吧。

罗雄岩： 在20世纪50年代他入学的时候，二年级的民间舞课是教藏族舞，我是他们班民间舞课的老师。现在想起来，50年代教学的最大特点，是按照学生的年龄、教材的深浅进行的，那时候三年级还没有分中国舞和芭蕾舞专业，都要学民间舞，像白淑湘她们三年级学的是维吾尔族舞，潘老师是二年级，学的是藏族舞。

我现在觉得当时我们很重视"开范"，特别是针对第一次上课的学生，教一种民间舞的时候不要过多地要求腿怎么样、手怎么样，给他们听听音乐感受一下，然后老师再示范。我想我们民间舞教学最大的特点，就是把老师深入民间学习时的直接感受，在课堂上教舞时去感染学生，可以把藏族舞的组合做得很有味道，孩子们就很愿意学习了。直到现在，我和潘老师说到当时教的第一个藏族舞时，就会同时唱出这个舞的曲调，做出开头的舞蹈动作，当初的印象还是这样的深。

20世纪50年代的时候，整个社会风气都是非常欣欣向荣的，大家相互之间是很和谐的，都愿意在自己的专业上有追求。在那个情况下呢，我们师生关系就特别好。这里可以谈另外一个有意思的事情，跟潘老师虽然没有直接关系，但是可以体现当时的师生关系。当时学民间舞的学生和我们民间舞的教师年纪差不多，关系非常的和谐。有一个例子，我们民间舞组有个叫王连城的老师，他是很有才华的，尤其是在创作上，他跟小学生的关系就非常好，年纪差不多嘛。那个时候我当教研组长，有一次他跟学生玩藏猫猫时没守规矩，学生拉着他跟我告状，就说罗老师你看，接着就说他是怎么不守规矩。从这个例子可以看出当时的师生关系，好像生活当中大哥哥和小弟弟的一种关系。在当时那种欣欣向荣、和谐友好的氛围中，我和潘老师这种真诚的友谊，一直发展、延续到现在。

那个时候，他跟蒋华轩都是非常活跃的同学，学校演《鱼美人》的时候，他们都演里面的"人参"，这个角色很有意思也很风趣，他们表演得很好。当然，他们还演过其他的小节目。这种既有民间舞学习，又有实践节目的教学，可以说在那个时候已经开始了。在文化部举办的教员训练班之前，盛婕老师（舞校成立后最早的民间舞教学组长），就带着我们一部分人，包括我、王连城、朱苹等人，一起去东北采风学习。教员训练班成立后，在教员训练班学习期间，又请来不同的民间舞老师教课，他们都是著名的舞蹈家，像维吾尔族的康巴尔汗、藏族的欧美加参，还有朝鲜族的赵德贤老师。同时也请了"地秧歌"著名艺人周国珍、周国宝教舞。我们学了各种民间舞蹈之后，就开始编了民间舞的组合和民间舞节目，在北京舞蹈学校建立之前，就已经做好了民间舞教学的准备了。

我现在认识到，当时这种深入民间学习，请来专家教舞，之后整理教材、自己编舞，教课的时候还讲点有关知识，从舞蹈文化学科角度来看，实际上是合乎民间舞蹈文化传承规律的。民间舞蹈文化传承的核心就是教学，而教学的关键在于教什么内容、怎样教给学生，这里就必须要有教材，有适合学生接受的教学方法。

民间舞蹈文化传承的规律是什么呢？在我看来，就是采风学舞——课堂教学——舞台实践——理论研究，这是一个完整的民间舞进行教学的全过程，文化传承的过程是通过教学体现的，如果说教学是文化传承的核心，那么文化传承过程中教师就是关键，教学时使用的教材就是根本。

话说回来，师生关系总是相对的，教学本身就是一种互动，多少年前我和潘老师是兄弟般的师生关系，可现在是不同学科的同事关系了。

周狄：听您的讲述能感受到您与潘老师之间非常真挚的师生情。罗老师，您刚刚说到一开始您教潘老师的就是藏族舞，那当时是在教员训练班时大家都有了教材的分工，还是大家都可以教藏族舞、维吾尔族舞等舞蹈呢？

罗雄岩：我们是各自都有专长，可其他民族的民间舞教材也都能教。比如说我，那时候的专长是维吾尔族舞，但是我也很熟悉汉族、藏族舞的教材，当然藏族舞教得最好的是李承祥，他到西藏去过；朝鲜舞教得最好的是陈春绿和王连城，因为他们曾是崔承喜舞蹈研究班的毕业生。教员训练班学习后整理教材时，各有分工，我和许淑媖都对维吾尔族舞比较有兴趣，这个教材就是我们俩整理的，现在还可以找到当时这些教材的油印本。像花鼓灯比较早的教材，就是李正一和彭松老师他们整理的，东北秧歌是我们一起整理的，所以说开始民间舞教学的那个时候已经有了教材。

我刚才讲教学是文化传承的核心，教师是关键，教材是根本，这是我最新的一个研究成果。一个东西要追根溯源，越是最简单就越是重要，怎么从复杂的表面现象中提炼出最基础的核心，成为一个很有系统的东西是非常重要的。从这种看法回想当时，可以说在当时学校开课之前，我们已经有了由浅入深的藏族舞、维吾尔族舞、朝鲜舞教材，还有东北秧歌、花鼓灯教材，教学上我们又有分工和侧重，可以通过教学进行舞蹈文化的传承了。

周狄：这些教材都是去民间采风拿回来的吗？

罗雄岩：一部分是，另外就是在教员训练班的时候，请著名舞蹈家来教，后来还请民间的艺人来教的东西。我们的教材始终离不开到民间去学，请有名的艺人来教，然后整理出教材。这个做法一直到现在的民间舞系，依然保持了这个好传统，教学中每个人都有一个专长，可以从一个专长里面去深入地探索它的规律。

但是，如果没有普遍的知识，只有专长也是不行的，因为没有比较就看不见自己。现在很多人忽略民间舞的这个问题，没有比较，就都一样了，就找不到自己的特色。比如，你是什么样子的你知道吗？你和好多姑娘在一起，周狄和冯狄就不一样，你们的相貌不一样、动态不一样，但是没有比较是看不出来的。

再回来说各种民间舞、藏族舞的特点在哪，要是把维吾尔族舞蹈跳得跟藏族一样的话，还叫维吾尔族民间舞吗？用塔吉克的音乐跳维吾尔族舞还得了一等奖，说明编导有她独到的想法，她的成果不能否定，从编导来说自有他们的教学和实践方法，目的性是在创新吧，但是忽略了会产生误导的问题，这些都是值得思考的。

我为什么要说传承规律的问题呢，是提示大家别忘了最根本的是采风学舞，然后才是教学，为了体现教学的目的再去创作、去学习。创作也分两种，一种是把民间的舞蹈进行改编，一种是独出心裁的创新。但是，回过来一定要论证，这个作品对不对、适合不适合这个民族文化传承的规律。你看我这六个字：核心、关键、根本，这就是我现在对民间舞教学的看法。为什么我和潘老师两个人关系这么好，就是因为他继承了 20 世纪 50 年代的做法，在教学实践中又有新的发挥，和我们 50 年代的老师有很多共同语言。

周狄：是的，您也提出的这个规律是我们现在需要好好思考的，那当时您教课的时候，一学期的课程大概是怎么安排的？

罗雄岩：很详细的东西太久了有点记不清楚，但是我们开始教学的时候是很规范的，不是说想起来怎么教就怎么教的，比如 50 年代开始进行时，就打印了很多的教学大纲、教材，现在从学校的资料室中，还都能找得到当时的这些资料。

周狄：所以民间舞系教学的传统是从那时就已经建立起来了。您之前说高班就可以教教学法了，是怎么进行的？

罗雄岩：因为我这个人比较活泼，所以我教小孩比较合适，我教了二年级的藏族舞，后来教三年级维吾尔族舞，高班我也教过。那时候还教过六年级的维吾尔族舞，也讲过课。当时学生里面有已经去过新疆的人问我一些关于新疆的问题，其实我在教学之前已经有所准备，虽然自己没去过新疆，但我对新疆舞蹈的有关知识要比他知道得多，我们教员本身教学前都是已经做好很多准备的。这个准备就是要深入了解所教的民间舞的文化背景，这样教学生才能准确掌握这种舞蹈。像朝鲜舞，我们最好的两个民间舞教员，也是我的两个战友陈春绿和王连城，可惜他们都走得太早。他们两人都是崔成喜舞蹈研究班毕业生。比如陈春绿，她这个人很聪明的，是从香港来的，她的朝鲜舞教学法搞得最早、最好。因为崔承喜她本身就对朝鲜舞的教学有很好的基础。我当教研组长的时候，就想把教学法等课都弄出来，当时彭松老师和各位老师都已开始写不同民族的民间舞教学法了，后来我调走了，到新疆一走就是 18 年，后面是什么情况就不知道了。

周狄：罗老师，通过您与潘老师的第一个情结，我们也回顾了民间舞学科的创建史，你们都是民间舞事业的奠基者、领路人。您也总结了民间舞传承规律的关键、核心和根本等基础理论，让我受益匪浅。那咱们下面来说说您和潘老师的第二个情结。

罗雄岩：好的，一开始你说了，潘老师总表扬我，是不是？我对他也是非常认可，俩人见面还常互相寒暄。当然，我们有一点是非常一致的，也是我们之间的第二个情节，就是我们对民间舞的执著追求。

我们那时候到民间采风学当地民间舞，最早是和盛婕老师、彭松老师，还有搞音乐的刘式昕老师一起去东北采风，一共去了三个月。那个时候是很艰苦的，可我们和当地民间艺人学"高跷"和"二人转"都感到收获很大，回来就编了东北秧歌组合，开始认识到要将民间舞提炼成民间舞教材，自己学得不好又不懂得民间的生活，那是不行的。

潘老师和我们现在的民间舞教员，都对民间舞有一个深厚感情，认为不到民间去就不行。我的这种热爱民间舞的感情可能更深。1955 年我一个人曾到新疆在那个民族地区学了十个月的维吾尔族舞，带回来不同地方的音乐素材和舞蹈组合，连自己的动作都带了点维吾尔族舞的味了。

回来之后，我们民间舞老师和古典舞老师一起进修，在最后跑圆场时，我一跑圆场大家就笑，我就奇怪，怎么笑话我呀？原来是因为我在跑圆场开始时加了一个维吾尔族舞后踢步起"法儿"，可见只有到民间深入采风学习才能掌握好民间舞的风格特点。当时我编的维吾尔族民间舞"阿克苏组合"、"多朗舞组合"、"舒瓦尔组合"，现在仍在教学中使用。为什么讲这样一个插曲，就是因为这些组合真正是来自民间，保持民间特色的，而且我们是把自己被感染到的东西体现在教学当中。我的这种民间舞的执著感情感染着潘老师，潘老师同样在他的采风学舞和教学实践中，形成了同样的民间舞的执著的感情，感染着他的学生们，他会有好多动人的故事的。

1955 年我自己一个人去新疆是怎么去的呢？那年初，来京演出的新疆军区文工团中有我们舞运班的同学，他们要回去的时候老同学就鼓动说，跟我们去新疆吧！结果就这么去了。先是坐火车到兰州，那时从兰州到乌鲁木齐还不通火车，是搭新疆军区歌舞团军车去的，我们坐在敞篷车颠簸了七天才到乌鲁木齐的。

周狄：当时条件还是很艰苦的。

罗雄岩：是啊，我们这一代人就是在艰苦条件下采风学舞，逐渐形成了对民间舞的执著的情怀。说到这还得插一个插曲，是对民间舞蹈执著的情节。我和许淑媖老师，在1957年为了学踢场子去了陕北，去的时候正好有编导班的几位同学要去乡下采风编舞剧，有搞创作的、搞作曲的，一共有七八个人，后来总政歌舞团有三五个人也要去。半路上住宿时我们十几个人睡在一个大炕上，包括许淑媖老师。我跟许淑媖老师要到下边去学"踢场子"，我们俩就背着行李走十几里路去学舞。这种作风我们一直都保持着，虽然这么艰苦，可心情舒畅，因为我们学到了当地真正的民间舞，了解了陕北春节时出会闹秧歌的详细情况。

1978年许淑媖老师和潘老师，还有马立学、刘友兰、贾美娜老师，组成学习小组到新疆学当地的民间舞，那时已经通火车，航空线也通了，他们几个小时就从北京到乌鲁木齐了。有趣的是他们能坐上飞机，也是借学校鲁方校长和新疆军区战友的关系，和23年前我去新疆可真是天壤之别啊。

他们到乌鲁木齐后，就找我一块去采风，因为我熟悉当地情况嘛。又是新疆军区帮助，坐上军区派的小车去塔什库尔干。谁想到走到半路上小车的底盘太低，一下子碰坏了，走不了了。我和塔什库尔干边防团的政委很熟悉，这位政委原来是北京总政歌舞团的歌唱家，后来当了这里的政委。我就给他打电话说，现在北京来了好几个朋友要到塔什库尔干学习舞蹈，可我们的车坏了，没有办法，只有请你派车来。你猜怎么着，他说我们团里的车不多，我自己的小车也坏了，我要下去还要搭卡车坐在驾驶室。所以我们没能到塔什库尔干县上，坏了的车就拖到附近的兵站，我们只好半路上就回到喀什，这是一个非常遗憾的插曲。

周狄：那你们一起去新疆采风的时候，当时是去了麦盖提和喀什，是跟什么人学习呢？

罗雄岩：就是和当地的民间艺人、舞蹈能手学习。比如我们到麦盖提的时候，我们请了麦盖提地区跳得比较好的人，因为麦盖提本身也没有什么专业的团体，但民间舞蹈跳得好的人非常多。有一个显着老的跳舞能手，他看见我就哭了，叫着我的名字说你怎么不认识我了，原来1955年的时候我跟他学过舞，我的教材书里就有他的照片。但1955年那会他很高大，后来变瘦小了，我就一下子没认出来，我只好一再地道歉，大家看到都挺受感动，我们老师和民间的舞蹈能手的关系，向来是很亲切的。

我们在买盖提学习多朗舞的同时，还参加了他们麦西来甫（欢聚晚会），看到跳多朗舞后的余兴表演，了解了当地这种麦西来甫的习俗，还问了有关的问题，可以说已比较超前地了解了多朗舞。

周狄：是的老师，当时您采风的时候就会问老乡许多问题，连家里的窗户是怎么开的，最早就是朝东边开的吗，还是朝哪开的都问。潘老师说，他一开始根本不懂这些，就觉得罗老师怎么这么多问题，问这个窗户朝哪开的跟跳舞有什么关系。他说后来觉得，这个是最有关系的，关系到这个民族的文化、意识，文化的导向对他们舞蹈的影响是最深的，当时年轻的时候不懂事觉得这个没什么用。

罗雄岩：是啊，民间舞和生活环境有着密切的关系，需要多方面去了解。你在接触当中就会有很深的感受，潘老师在接触各种民间舞中，他会感受很深，会有他的思考，有他的判断，而且他又在这个基础上有所发挥。

周狄：当时采风组还有过大的活动吗？

罗雄岩：有啊！当时正好有别的县文工团的人也来采风学习，县上就专门在广场上组织了很大的一个晚会，大家一起跳多朗舞，还表演了各种节目，马力学和刘友兰表演了花鼓灯，非常热闹。我们和当地的关系搞得非常好，离开时，县领导、民间艺人都来送行，还一起合了影。

周狄：后来呢？

罗雄岩：后来我们到了莎车看到萨玛，萨玛是民间舞，在民间还有一种宗教活动也叫萨玛，我们为了了解这种宗教性萨玛，在那儿专门请来巫师介绍和演唱，还录了音，可惜这些资料后来不知到哪儿去了。我们到了喀什以后，跟喀什歌舞团演员学习了他们编的多朗舞的几个组合，丰富了维吾尔族的民间舞教材。

学校民间舞教学，我们20世纪50年代到70年代，主要是解决中专的问题，学校升格为学院后就需要本科的教材，所以许淑媖老师又组成学习组到山东、安徽和各地采风学习编写新教材，当时有潘老师、我、马力学、王立章，还有校外的老师也跟我们一起去的。这段深入民间的学习，一路上也是很辛苦的。

1980 年我们在山东学鼓子秧歌时，我拍过一张孩子们学鼓子的照片，一个小孩拿着大鼓子，一个小孩空着两手跳鼓子秧歌，那股子认真劲儿让我们都笑了，潘老师笑得最开心。在山东我们学了鼓子秧歌，还到海阳和胶州看了当地春节时的出会表演，给整理这三种教材打下了基础。我们在新疆和山东的采风学习，看到孩子们是怎么学的，大人是怎么表演的，让我们懂得怎样通过民间舞蹈传承民族文化。

周狄：民间的很多东西都是非常珍贵的，可能不下去真的没法感受到这个氛围。

罗雄岩：是啊，所以直到现在我们一直坚持下乡学习，还是请民间艺人来教嘛，像汉族的、藏族的等各个地方的艺人多次来学校教舞，这样可以保持不同民族的特色，就是因为这是我们传统的根本，所以要保持这个传统嘛。当然我现在觉得很重要的一个问题就是刚才说的比较的问题，没有比较就没有自己，将来就会以点带面，特色就没了，甚至很多舞蹈你看不出来是哪个民族的民间舞了。

周狄：听潘老师说"文化大革命"期间，您和他的七人小分队也有接触，您能给我们说说吗？

罗雄岩："文化大革命"期间不是流行读毛主席语录嘛，音乐家还编了语录歌，当时我在新疆就用毛主席语录的歌编了"语录舞"。我编的好多语录舞中，有一个印象特别深刻的是"什么叫工作，工作就是斗争"。事情是这样的，1967 年正好全国大串联嘛，当时我还算是比较自由，就串联到北京来了，到了舞校给潘老师他们教了"什么叫工作"语录舞，他们的小分队就用这个语录舞做宣传吧。我调回学校工作后，有时我和潘老师见面打招呼时，也会"什么叫工作"边唱、边做开头的动作，感到非常亲切。

周狄：是您在新疆编的，然后过来之后您教他们的，那这个期间潘老师他们有一个巡演，您有参与吗？

罗雄岩：没有，后来我就回新疆了，我在新疆小分队的巡演中也表演"语录舞"。可能那个时候大家对宣传语录很有兴趣，他是不是也编了什么新的语录舞我就不知道了。他为什么提到"语录舞"呢，就是我们都对新事物敏感，也是第三个情节要讲的，我们对很多新鲜事物能很迅速地反应。当时派性的争斗是挺厉害的，我们搞"语录舞"宣传没有派性，所以那时候，我在新疆一直从带着学生小分队表演"语录舞"。

周狄： 那当时基本上全是跳"语录舞"吗？

罗雄岩： 不，也有跳"忠字舞"的，"语录舞"都是有歌、有舞，跳起来有劲。那个作曲家还挺有名，他叫李捷夫，是东北的作曲家，他编写了很多毛主席的语录歌曲，在当时很有影响。

周狄： 当时是专门为这个舞蹈谱的曲吗？还是他谱了之后您编的。

罗雄岩： 是他谱成歌曲之后，我就把那个歌曲编了舞。潘老师他们组成的宣传队学了我编的"语录舞"也是宣传毛主席语录的原因吧。这个情节就说明什么呢？是我们对新鲜事物的一种正确的感受，而且都想把新的感受和舞蹈结合起来。"什么叫工作，工作就是斗争"，在当时对我们来说是有一定启示作用的，像"语录"中"越是困难的地方越是要去，那才是好同志"等，当时是很鼓舞人的，所以潘老师特别提到1967年的"语录舞"的故事吧，也就是说我们之间的感情都是从热爱民间舞中建立的，乐观求索的情节。

周狄： 罗老师，您的第三个情结呢？

罗雄岩： 第三个情结就是我们都比较乐观、开朗，对什么事情都想弄个明白，讲出个道理。我们到东北、陕北、新疆、山东、安徽采风学习，虽然挺艰苦，可是充满了乐趣。乐趣在哪？在于我们学到不同的民间舞，看到各式各样的生活，看到当地群众在艰苦的生活中，跳舞给他们带来快乐，舞蹈寄托着他们对美好未来的期望。这是第一点。其次呢，是研究民间舞为什么能有这种作用，研究各种民间舞蹈的风格特点，怎样把学到的这些整理成教材组合，怎样把自己采风学习的感受，在教学中展示出来。这就是前面说过的，教师是关键，教材是根本，经过自己教学传承舞蹈文化，这就是我们乐观求索的情结。

民间舞是怎样体现民族文化的呢？是节奏吗？还是旋律？它的文化背景又是如何？其实都有关系，你必须找出这些有关的缘由。潘老师讲课的时候会讲得很细致，为什么能够这样子，就是因为他在做之前已经开始思考这些问题，而且有他自己的看法，把舞蹈作为一种文化现象让学生理解，怎么从单纯的很简单的动作里面看到它的文化背景。潘老师这一点跟我是一样的，不一样的是我在探索民间舞蹈文化学科的建设，他在实践研究生民间舞的教学规律。

潘老师在教学方面想得更多，有很多独到的想法，他当过领导，还当过广州舞蹈学校的校长，工作能力强。1984年，学院建立中国舞和芭蕾舞两个系时，通过选举，他当选为中国舞系的系主任，在民间舞的教学和研究工作中，发挥了他的专长，取得了很好的成果。

潘老师多年来教课有他的教材，有他的教学方法，还拍摄了很多的录像，比较典型的组合都拍了录像，这说明什么呢，是发挥现代科技在民间舞教学中的作用。在民间舞蹈文化传承中现代科技是很重要的，但是现代科技虽然很重要，你不到民间光靠现代科技是没法体现的，那是间接的不是直接的。潘老师他既到民间学习，又把民间舞蹈用现代科技做了记录，又想法通过传统的组合告诉你民间舞该怎么做，从这个方面来讲我们是一样的做法。

周狄：罗老师您可以谈谈对"桃李杯"的看法吗？

罗雄岩：好啊，潘老师有很多好的想法，特别是你讲到他发起"桃李杯"的问题，他为什么会想到这么做？就是民间舞蹈文化传承规律的第三点舞台实践嘛。有了舞台实践就促进了学生的表达能力、表演能力。表演什么？表演民间舞蹈，民间舞蹈节目从哪来？老师还得编舞，那不就是传承规律中的舞台实践嘛，所以我说他"桃李杯"的这个设想是很好的。

其实采风学舞后要按照自己的理解，通过舞台把民间舞展示出来，另外还要有新的发挥。那么"桃李杯"让孩子们得到锻炼，让老师们得到实践，这不是很好嘛。而且更重要的是扩大了本校的影响，看起来好像不为人知的一些院校，也有展现他们自己特长的一个机会。我想这个是"桃李杯"的世界意义，好的节目到国外演出不就是世界意义嘛。对中国来说是促进中国舞蹈文化发展，是给学生一个锻炼的机会，给年轻老师一个锻炼的机会。

周狄：罗老师，您对潘老师还有什么想法吗？

罗雄岩：是有点想法，潘老师近来不断地接受采访，上电视节目，这样的事情做得多，他自己的时间就少了，他热情，有很多畅想，采访的人提的问题他都能谈得很好。越是谈得好，就越有人愿意找你访谈。很多时间都跟别人谈了，就没有时间谈自己、总结自己了。当然有些外来的要求也不可能都推辞掉，但是我觉得从现在开始，希望潘老师把自己民间舞的教学经历、教学经验梳理一下，总结出研究生民间舞教学的理论。

民间舞教学从"文化部舞蹈教员训练班"开始，到现在快 60 年了，我们第一代民间舞老师在民间舞教学，在民间舞蹈文化传承中，只做到了好的开始。我想潘老师会充分运用现在的有利条件，发挥个人之长，一定会把中国民间舞教学与民间舞蹈文化传承工作做得更好！

周狄：好的，谢谢罗老师，今天您通过三个情结给我们讲了您和潘老师之间的故事，第一个是师生的情结，入学时他是您的学生，后来你们都是教授，给研究生讲课；第二是对民间舞深刻追求的情结，从 20 世纪 50 年代起就下乡，一直坚持到现在；第三个情结是都很乐观，都有自己的建树和看法；其中也有很多有趣的故事和您的观念、看法，真的是受益匪浅，谢谢您！

访谈时间：2012 年 10 月 18 日

访谈地点：北京舞蹈学院家属楼罗雄岩老师家中

访谈人：周狄（北京舞蹈学院 2010 级研究生）

"潘志涛就是潘志涛"

——蒋华轩老师访谈录

【人物介绍】蒋华轩，国家一级编导，历任总政治部歌舞团演员、编导、副团长，中国舞协第五届主席团委员，全军高级职称（艺术系列）评审委员会委员，香港国际华人华裔舞蹈联会理事，广东现代舞班顾问。中华人民共和国国务院授予"为发展我国文化艺术事业作出突出贡献"人士，中国20世纪经典作品奖得主。

【访谈简介】蒋华轩老师是潘志涛老师多年的同窗、挚友，共同经历了"文化大革命"的动荡，在潘教授事业迷茫徘徊之际，蒋老师给予最真诚的激励与支持，两人互勉共同走过风风雨雨的艰难岁月。当各自组建家庭之后，蒋老师还成为潘老师的女儿潘琪儿的干爹，所以谈及对潘志涛老师的熟悉莫过于蒋老师。通过对蒋华轩老师的访谈，从他的回忆中我们可以读出年少时、年轻时敢想敢干、满怀抱负的最真实的潘志涛教授……

上午 10 点整，潘志涛教授的夫人许文绮老师顶着炎炎烈日，亲领我来到与蒋华轩老师早已约定好的地点。蒋老师与潘志涛教授一家是故交，虽初见蒋老师，但是远远从人群中一眼就能认出蒋老，其身形挺拔，脚步稳健，军人的硬朗举止在他身上都得以展现。早早等候在门口的蒋老师见到我们十分高兴，蒋老师得知我的来意后，他对我说的第一句话就是，"我知道一提采访就是要我吹捧某人的，这样的采访我是不会做的，我只说我知道的和我认为是真的真话，真的就是真的，假的我从不说。"对蒋老师的为人处世之风早有耳闻，但闻名不如见面，的确与众不同……

吴绚婷：蒋老师，您好！很高兴您能够抽出宝贵时间接受我的采访。众所周知，您与潘志涛教授可以说是挚交，当年您二位一起考入北京舞蹈学校成为同班同学，后来又一起留校任教，无论是在生活中还是职业上您二位都是最要好的朋友。一转眼几十年过去了。那么，您还记得第一次见到潘志涛教授时的情景吗？在那么多同学里，为什么您二位的关系最为要好呢？

蒋华轩：我记得 1956 年时，我第一次见到潘志涛，按理来说在我们考北京舞蹈学校时已经见到过，但是我现在记不清了。在我的印象里就是大家考上后分配在同一个大集体宿舍里，那时是我第一次见潘志涛。我和潘志涛都是一起从上海过来的，我们都是上海人，考上北京舞蹈学校后我们两个人又都分配在舞蹈乙班上课，毕业了又都同时留校，并同在民间舞组任教，从我进北京舞蹈学校开始，我们两个人就在一个宿舍里睡觉，一张桌子上吃饭，没有一天一顿饭不是在一起的。小时候也不懂什么叫关系好或者关系不好的，只知道我们每天都要在一起，慢慢地可能也就形成一种习惯吧。

我记得在 60 年代时，北京舞蹈学校给我们班安排了实习舞剧《抢亲》，潘志涛在这个舞剧里演一个很主要的角色——花花公子。当时这个角色的表演与转扇的技巧都是一大挑战啊，可是潘志涛他特别聪明，表演得很生动很幽默，扇子玩得也是非常好，那个扇子的转法可不是一般的技巧，不仅融入很多戏曲的转扇技巧，还有很多就像现在转笔一样不断地变化由上往下翻，由正往反翻等各种变化的花样。扇子在手上灵活多变，做到这点是很不容易的，一般人真的很难做到，可是潘志涛做到了，这说明他不仅聪明还很努力。在1970年左右，潘志涛还出演了当时很红的舞剧《白毛女》，他演黄世仁一角，这个角色的塑造更是入木三分，让我印象深刻，他很努力地去揣摩这个角色的特点，在台上表演也是特别有感染力。

当时我们都是中学生的年龄，每天繁重的专业课已经让我们筋疲力尽，到了上文化课时，我们个个都早已摊睡在书桌上了，现在才知道那其实是体力超负荷后，头脑缺氧的表现。还好当时的历史老师很体谅我们，他说，"在我的课上，你们可以睡，但不许打呼噜!"因为每次我们班就有个别的同学，趴在桌子上睡着后还打呼噜，而且声音很响，我们都笑他，这样影响课堂纪律和教学，所以老师命令禁止。班上只有潘志涛没有表现出疲惫的状态，可能是由于他小时候身体不大好，老师让他免修毯子功课的原因，但是要是换作别人早就玩去了，不会在学习文化课上花时间、下工夫的。可是潘志涛那时就爱看书，可以说他是博览群书，在文化课方面的成绩也是出类拔萃，从小他就已经很好学了。我记得他有一个小笔记本，里面记录了上课的笔记，看过的书的体会、报刊载录等。那时我什么都不晓得，可是他已经意识到了知识的重要性并且非常热爱，所以他的文笔要比我好，如今他能够当专家、教授，教授研究生、本科生是有一定道理的，除了他天生很聪明以外，后天的努力、好学，对文化知识方面的重视与探知欲，我相信是分不开的。

吴绚婷：蒋老师，看来潘教授小时候在班级里已经显露出他与众不同的优势了，那么七年的求学生涯中，潘教授有什么事情是让您觉得惊讶的呢?

蒋华轩：我们这七年里一起做过的事情数之不尽，那时的宿舍管理是很严格的，晚上一到点就要门禁，我和潘志涛一到周末都会想各种办法避开楼道管理人员的视线，偷偷溜出去找吃的等。当时楼管员的值班室有一个大窗户，但是下面是砖墙挡着的，我们就悄悄地走着"矮子步"，我们蹲下的高度正好就是墙的高度，第二天当我们正在为昨晚的顺利过关自豪时，大门口的黑板上早已将我们俩的大名挂在违纪的名单上。那时也没有闭路电视啊、监控什么的，他们是怎么发现我们的，很让我们费解，也许当我们在走"矮子步"时，他们正好当热闹看。

吴绚婷：后来您和潘教授又一起留校任教，您能给我们讲讲那时的潘志涛教授是什么样的吗？

蒋华轩：从 1963 年开始，我和潘志涛一起在北京舞蹈学校教了三年的民间舞课。那个时候北京舞蹈学校还不是大学，我们俩都被留到了民间舞组，我们班男同学中就我们俩在民间舞组当了教员，那时民间舞教员特别不好招，尤其是男教员，非常稀缺。当时，学校招老师的标准就是，一定要专业最好最优秀的学生，所有毕业生都要首先经过学校的挑选，没被选中的才可以到其他的学校当老师或者歌舞团当演员，只要被学校一看上，你就不能走，因为你是学校培养的，学校有优先选择权。我和潘志涛留在民间舞组，我认为潘志涛的民间舞跳得非常出色，虽然古典舞跳得也好，但是民间舞更能够令他发挥出全部潜能，所以我觉得他在民间舞组很适合。

在那个时候学习民间舞与现在的民间舞教学可是截然不同的，因为那个年代北京舞蹈学校的古典舞和民间舞是不分科的，不像现在成立专门的系别、安排专门的课程、教师重点培养。那时民间舞跳得好的学生一要自生聪明，由于课时少，所以就要求学生要一学就会；二要对民间舞的风格把握具有灵敏的触觉，因为民间舞不好掌握；三是比别人努力、刻苦，不仅要练好主修的课程——古典舞，还要练好副科——民间舞。当时北京舞蹈学校是以古典舞为主课的，民间舞作为副科，丰富教学内容。到了高年级我们的民间舞课时才有所增加，也许是为了实习舞剧的表演吧。在这些方面潘志涛比我们班别的男生都强，他在班里最突出，所以当时学校领导就坚决把他留下。

毕业后由于我们俩的背景相同，都是上海人，又有七年的同窗感情，留校又都在民间舞组了，更是吃喝都在一处了。当时我们就像是合作社一样，下了课大家一起出钱，工资高的多出，工资少的少出，然后大家一起买吃的，一块吃，朝夕相对。他的为人处世我都很了解，说实话我喜欢他的那种乐观的性格，我不喜欢我自己总是那么爱跟自己较劲的个性，很欣赏他，所以我们俩的关系也就更近一些了。

吴绚婷：蒋老师，这么多年的相处下来，在您心里潘志涛教授的课堂教学以及生活处世作风是怎样的？

蒋华轩：我这个人只尊重事实，所有认识我的老师、长辈、同辈都这么说我。我从进北京舞蹈学校开始就和潘志涛天天在一起，他在我心里的印象就是他比较能够体谅别人的难处，并且想方设法地帮你解决。他的为人还很随和，从不端着专家、教授的架子，与人为善。他的教学方式都是以鼓励学生为主，和学生的关系也都很好，让学生在教室里很放松，这样做的好处就是能够让学生很好地发挥自己的才能，因此他能够会聚人才，听说现在每年考他的研究生都很多……我比较喜欢潘志涛这样的性格，相反我不喜欢自己的性格，我的课堂和排练就是我怎么教就要学生、演员按我说的办，不许有演员自己的个人情绪，所以演员压力特别大，可是我认为一个作品要有突破，就在于各个方面别人做不到的，要想办法让我的演员做到，只有吃尽苦中苦，才能成为人上人。我俩的性格迥然不同，但是我们俩心有灵犀，留校三年后我就调到总政歌舞团去了，我们的联系也就少了，但是许多事情我们是不必说出口，可是两人心里都明白的。我一直都喜欢潘志涛的性格，我希望像他一样平易近人，让学生有拼劲，但是我怎么也做不到。

吴绚婷：蒋老师，据我了解，1984 年潘教授参加北京舞蹈学院中国舞系系主任的竞选时，您给了他很大的鼓励与信心，请您给我们讲讲当时的情景吧！

蒋华轩：潘志涛参加北京舞蹈学院中国舞系系主任的竞选，是我离开北京舞蹈学校后他唯一一次主动找我商讨的事情。我 1972 年离开的北京舞蹈学校，12 年以后也就是 1984 年，那时我在总政担任编导，当他得知自己的名字在竞选名单上的时候，他专门到我家，想听听我的意见。潘志涛就问我，"我到底要不要参选？"我的回答是，"当然应该参加，除了你还能有谁，既然要参加就不能羞羞答答地畏首畏尾，你还要力争，要玩命，必须找出其他候选人的弱点，找出自己长处，把你的优势都说出来……"这件事直到现在我的印象都非常深刻，当时我的观点就和潘志涛的不一样，他总觉得那些候选人不是他的老师就是他的长辈，他不好意思把一些话说出口等，顾虑很多。而我给他的建议就是一定要把你的长处好好讲一讲，并且讲的话一定要建立在诚实的基础上，那个时代是刚刚改革开放，在这样一个大潮流里，那些平时爱弄虚作假的人一定行不通的，因为群众的眼睛是雪亮的，只有诚实才能够让大家接受。我还把参选者每个人的弱点都分析给他听，我了解志涛的长处，我相信他能够胜任这个职务，所以我一定要帮助他，加上潘志涛口才好，我相信演讲对他来说不是问题，只是担心他自己太紧张，说到别人弱点时难以启齿……因此，我鼓励他，他的目的就是全心全意地为学校办事，别的都是虚的，结果他终于成功地当上中国舞系的系主任。

吴绚婷：如今您与潘教授都有自己的家庭、事业要忙碌、照顾，您二位相聚的机会也比较少了，您一定有许多话想对您这位亲友倾诉的，那么可否借此机会将您最想对潘教授说的话，通过这次访谈转告潘教授呢？

蒋华轩：志涛啊！我还是那句话：身体第一。你现在要将身体彻底地检查一下，平时出镜、露露面固然可以，但是我也知道你每次做一件事情，接受一次采访都一定要备好多课，这些都是非常伤神的。不要总跟我说，你对舞蹈多么热爱，将它视为生命！人这一辈子，不存在爱不爱舞蹈，你要从长远考虑，自己的身体最要紧，不要把舞蹈看成生命，热爱自己吧，还有热爱家庭，只有你自己可以来爱护这个家庭，舞蹈事业还有源源不断的后辈呢。如果你的身体承受能力还可以接受的话，你也要有选择性的参加，不要不好意思拒绝。做节目要先考虑身体能否吃得消，另外你自己喜欢也是前提。面对镜头时，你有时要尖刻地对作品进行点评，这样有时就会得罪人。有时要讲讲场面话，多讲点好听的，大家你好我好都开心。

可是你是教授啊，你的出席每次活动一定要保证质量，你每到一处一定是提升整个节目的水平的，如今你年纪毕竟大了，所以，我给你的意见就是"宁吃仙桃一口，不吃烂梨一筐"。要选择可以发挥你的优势、提升你学识的节目来做，如果你没到场，大家都会怀念你，你不仅幽默还有学识，有水准，这样就足够了。如果你很享受的在做节目，乐在其中，认为它对身体是有利的就可以继续做，我支持你。这些话我早就应该当面对他讲了，只是大家聚在一起时间少了，所以今天借这个机会把我想说的都对他讲了。

吴绚婷：最后，蒋老师您能否用简短的话与我们分享您心中的潘志涛教授是怎样的？

蒋华轩：在我心里，潘志涛头脑灵活，好学勤奋努力，作为一个学者、专家，我认为学问一辈子都研究不完的，像他这样一边要忙做节目，一边要静下来做学问，实属不易，所以我很喜欢他这样的性格，大家跟他在一起都很愉快，他很能制造气氛，是个相当有智慧的人。如果用一句最简短的话来描述我心中的潘志涛，我想说："潘志涛就是潘志涛，独一无二，他的个性谁也代替不了！"

由于时间的关系，以及蒋华轩老师还要回去照顾病中的妻子，我的访问也告一段落。通过今天的访问，从蒋老师的言辞中让我们看到了不同时期潘志涛教授的变化，同时我们也有幸认识到了一位虽然不善言辞，却事事见解独到，敢想敢为的艺术家——蒋华轩老师。衷心地祝愿蒋老师与师母，幸福、快乐！身体康健！在此还要感谢许文绮老师的不辞辛苦，对潘志涛教授事无巨细地支持！

访谈时间：2012 年 7 月 1 日星期日 10：30—13：25
访谈地点：北京某医院病房门口电梯间
访谈人：吴绚婷（北京舞蹈学院 2010 级研究生）

为舞蹈事业摇旗呐喊的潘志涛

——贾美娜教授访谈

【人物介绍】贾美娜，现任北京舞蹈学院教授、硕士研究生导师、国务院政府特殊津贴获得者。曾任北京舞蹈学院中国民族民间舞系专业教研室主任、系代主任，北京舞蹈学院附中中国民族民间舞学科主任，中国民族民间舞教研室主任，中国人民政治协商会议北京市委员会第八届、第九届委员。

【访谈简介】潘志涛教授和贾美娜教授都是北京舞蹈学院中国民族民间舞系的学科带头人，贾美娜教授还是潘志涛教授的同校师姐。半个世纪的校友、同事之情不在话下，两位共同经历过北京舞蹈学校的重组改制，也是北京舞蹈学院中国民族民间舞蹈当代改革的开拓者，两位民间舞蹈专家并肩战斗又

各自都有自己对学科的观点与建树，是我们新一代舞蹈工作者学习的榜样。通过对贾美娜教授的采访，可以让我们从多角度、多方位更加立体地了解到既风趣幽默又孜孜不倦于舞蹈事业的潘志涛教授。

我如约来到贾美娜老师的工作室，贾老师的一头银发映入我的眼帘，贾老师这位年过古稀的老艺术家由于身形较为高挑，看上去依旧神采奕奕，十分硬朗，一副银丝边的眼镜衬托出贾老师的儒雅气息，白底大花的上衣更为老人家增添了不少的风姿。当得知我的来意，贾老师便热情地请我坐到她的跟前，关于我对潘老师的好奇，她和蔼又亲切地向我娓娓道来……

吴绚婷： 贾老师，您好！很高兴您能够接受我的访问，据我所知，您和潘志涛老师是同一时代的人，前后进校学舞又前后留校任教，您是潘教授名副其实的师姐，您二位同校共事已有五十多年了，您可以为我们回想一下少年时的潘教授吗？在作为师姐的您的眼里，潘老师是一个怎样的师弟呢？

贾美娜： 就像你了解的那样，我是 1954 年考上的北京舞蹈学校，潘志涛是 1956 年考上的，我比他高两届。当时学校低班的男生喜欢和高一届的女生接触，所以我跟潘老师在读书期间接触得比较少，但是知道有这么一位学弟，潘志涛在他们班里一直就很调皮，特别的活泼好动。以前有一个儿童剧叫《马兰花开》，里面有一个反面角色是一只猫在剧里上蹿下跳的，还总是让马兰花上当受骗，里面有句台词"马兰花、马兰花，勤劳的人们在说话，请你马上就开花"。潘老师看后，回到学校就喜欢成天在桌子上、椅子上上蹿下跳的，还站到桌子上学那句台词，逗得同学哈哈笑，这个天生具有极强表现欲的男孩子，从此有了"老猫"这个外号，大家也由此熟识了这个聪明、幽默、快乐的"老猫"。这个外号直到后来他当了系主任，大家才不好意思再叫下去了，因为怕让他在学生面前影响不好，不够严肃。同时也证明在他少年时就可以看出他的艺术表现力和艺术感染力。

1957 年，由当时舞校的苏联专家带着第一届编导班里的毕业生李承祥等排小舞剧《少年爱国者》，里面有一群抓特务的小男孩，其中主演就是潘志涛，他那双大眼睛在台上眨巴眨巴地很招人爱。1959 年排演了《鱼美人》，他们班演一群小人参，动作类似河北秧歌的舞蹈，腰部扭来扭去的，潘老师演的是拉大幕和关大幕的小人参，由于老师已经赏识他的艺术表现力，所以给他安排的实习剧目大多不是以技术取胜而是以表演取胜的角色。潘老师的柔韧性很好，技术技巧的能力却不是很强，因为小时候得过小儿麻痹，潘老师后来总是自嘲说，自己一条腿粗、一条腿细。

吴绚婷：呵呵，原来潘老师小时候还有这样的趣事呢！贾老师，您与潘教授后来也前后毕业留校，您二位也从师姐弟变为同事，那么可以给我们讲讲刚留校任教时作为一名青年教师的潘老师是什么样的吗？

贾美娜：我是1956年留校当老师，1954级至1955级都是六年制，潘志涛他们班是7年制，当时学校将他们班作为实验班，是中国舞唯一的7年制班，之后就再也没有七年制的班级了。潘志涛晚我三年毕业留校，我们同在中国民间舞教研室工作。文化大革命之前，经常会有各种政治运动或活动，我们学校也不例外，"一帮一、一对红"就是当初那个时代由部队系统带动起来的运动，目的是将优良传统"传、帮、带"，学校进行这种活动的目的是要培养又红又专的教师队伍，以保证教学质量。潘老师进教研室后，组织上把我们俩配成"对子"，意思是我重点负责帮助初入社会参加工作的潘老师，使他能尽快适应新的身份和环境，帮助他成长起来。实际那时我们都很年轻，他十八岁我二十岁，教课带班都是同一个年级，我教女班他教男班，甚至有一年教研室的老师外出采风只剩我俩担任男女班的课程。

在生活上，接的"对子"也需要互相关心帮助，虽然我那时由于养家，经济上负担比较重，但是相对潘老师我的条件稍微好一点，他的母亲身体不好，一直生着病，那时家庭挺困难的，家里兄弟姐妹又多，全家就靠他父亲一人在上海工厂的工资维持整个家庭生活，所以比较艰苦。生活清贫又是在成长中的潘志涛，就容易饿，于是就经常来敲我宿舍的门，每次边敲就边说，"我饿了"。我们就像家人一样，他与我弟弟同岁，我就把他当弟弟看待。所以潘志涛刚留校的那段时间，我们在工作中是比较亲近的。

文化大革命之前，教研室里结婚的老师不多，可能因为穷吧。一到月底，我们教研室的全体教师就要聚餐、打牙祭，大家把身上所剩的零钱全部都拿出来，像许淑媖老师她工资高嘛，就多掏点，我们赚得少就少掏点，一般都几毛钱，有给五毛的就是很高的了。我们夏天买西瓜，冬天买些豆制品，然后大家聚到教研室一边聊天一边吃。潘志涛是最热心肠的，他负责把大家的钱收起来后，由他去买这些聚餐的食物。西瓜是由他买也由他切，一个是因为他热心，另一个是他跑得快，人很是勤快呢！他吃得也快，开始我们都奇怪为什么到散会我们数西瓜皮时，他一点也不比我们少呢？原来他一边切，一边吃，当然最后也是他来收拾西瓜皮等。

1982年的时候，我们去云南采风，当时潘老师是我们的负责人，这个"馋猫"啊，知道那里有木瓜，因为他在广州吃过，可是我们大家没吃过，不知道是什么味。于是在我们参观植物园的时候，潘志涛不知从哪弄来一支长长的竹竿，站在木瓜树下捅木瓜，其他人给他放哨，这样偷了两个木瓜回来，然后我们大家一起分而食之，终于我们尝到了木瓜的味道。还有一次我们去海南岛学黎族舞，在海口市的招待所，看见有的树干上长出了大的"瘤子"，潘志涛说："那东西不是树上的病瘤子，是一种叫菠萝蜜的水果，我也没吃过。"大家都好奇这东西是什么味道，于是潘志涛和另一个老师找人家服务员去要，服务员说，"要的晚了，我们吃剩下的只有核了，这核煮一煮，也能吃，味道和花生一样。"这样我们就只吃了菠萝蜜的核，但是还是不知道菠萝蜜是什么味！因为当时年龄也都小，见识也都少，所以潘志涛和我们出去采风永远都有探知欲望，遇到什么都好奇，都要问个究竟，遇到好吃的也一定要尝一尝味道。

潘志涛爱吃零食，到现在也是，那会大家都喜欢他，趁着打牙祭的机会让大家一起解解馋，同时也促进同事之间的情感。从这些都可以看出我们舞蹈学校教师之间互相爱护的工作环境，它给予我们温暖，我们对学校的爱是由衷的，发自肺腑的，都感觉没有学校就没有我们这些个人一样，我们这一代人是愿意将一生都奉献给学校，我们感恩学校。

吴绚婷：是的，从你们二位德高望重的老教授身上我们都能够看到您这一代北京舞蹈学院培养出来的舞蹈教育家对母校深深的爱！听说在您二位刚留校时，还被分配到外面的工作队去参加工作是吗？您能给我们讲讲当时的情况吗？

贾美娜：我们教了几年之后，我们俩就一起被调去搞"四清"，"四清"按当时农村来说，就是清理农村干部，尤其是党内的干部看看有没有什么思想问题的啊，挖挖党内有没有汉奸啊等就是清理阶级队伍。我们在平谷县，是一个公社的，但不在一个生产大队工作，两个大队距离三四里地，只有开公社大会的时候才能见到。我待的村子原来是日军的据点，那里就有万人坑等，所以就需要我们工作队员组织积极分子带领群众对汉奸开批斗会。由此可见，当时在"四清"工作队的潘老师也同样要带领群众调动大家的斗争积极性，搞调研等活动，这使潘老师的社会活动能力得到了一个非常好的锻炼。

潘老师是一个情商很高、感性思维很强的人，从他小时候就看出来他对别人有亲和力。这是由于他家庭的影响奠定的基础，我们有时讲阶级烙印不可取，但是家庭烙印是不可避免的。潘老师是上海人，上海人本身出来就给人一种很精明的感觉，潘老师也逃不出这种范畴。他父亲1949年是上海的高级职员，所以影响到他的家人都比较容易接受新鲜事物，对事物的看法也更加开放，没有过多的封建意识，是一个生存能力强盛的人，所以不一样的家庭文化背景，对每一个人就会有不一样的影响。因此潘老师更容易去集思广益，比如，在很多事情上他就善于去组织、宣传、鼓动，善于抓机遇，充分发挥自己的精明才干。在"四清"工作队里他密切联系群众，发动群众，这些都受到当地的好评。

我们去"四清"不到一年就开始文化大革命，我们是第二批被调回学校的。一开始，都迷迷糊糊地随大溜，大家说什么我们也说什么，后来感觉出点什么来了，我是由于出身问题，我爸爸是国民党时期天津地方法院院长，所以政治身份很敏感，当时叫出身不好——"黑五类"，于是我就只能老老实实在学校待着。但是潘志涛就不那么"老实"了，他和陈银云组织了演出小分队到青海等各地去演出，那个时候就显现出潘志涛挺强的组织能力和沟通能力。为什么这么说呢？因为那个时期，可不是像现在出去演出那么容易，每到一处都是要反复审核出身、背景的，审查合格才让演，所以他们走到哪要演出，就要公关到哪。这些大风大浪对于潘志涛在艺术能力上和组织能力上都得到很好的锻炼。

潘志涛的声音也是极其洪亮、带有磁性，他爹妈给了他一副好嗓子。那时我们要"早请示、晚汇报"，并且大家集合唱语录歌，好家伙，我的左边站的是潘志涛，右边站的是许文老师，他们两个都是大嗓门，他们一开唱那声音震耳欲聋，我的耳朵呀就"嗡嗡"地响，什么都听不见了，更别说让我唱歌了，到现在我们都常开玩笑说他干错行了，他只要一做宣传，在那一鼓动，肯定有一大堆人要跟他走。

吴绚婷：贾老师，您看是不是由于潘老师的这种性格以及处世作风把他推上了中国舞系的首任系主任呢？

贾美娜：那时改革开放刚开始，很多单位都竞选上岗，文化部组织部门也推行了这个办法，于是北京舞蹈学院提出也要实施竞选上岗，这在舞蹈学院是一个新做法，史无前例的，这个尝试就实验了一届。当时我总觉得我是学生辈的，在学校里是小不拉子，潘志涛比我还小不拉子，像许淑媖老师、朱清渊老师等都是在领导岗位上经历过多少年，酝酿成的领导能力都比我们强，所以想到这些我就不敢参加竞选，一门心思只是顾好自己教学这一块。可是潘老师他就不固守，他敢于去做，勇于去挑战。他就学西方竞选总统一样，参加竞选、投票，那时我们刚把北京舞蹈学院教育系的第一拨本科毕业生带出来、留校任教，这些青年教员跟潘老师的关系都很好，因为潘志涛他非常幽默，不管红色的黑色的都敢说，所以他们之间的代沟就少，课下几乎没有师道尊严之谈了，学生当他是哥们。潘志涛在这帮刚留校的年轻教员中很得人心。

那时每个竞选人都要上台去演讲的。在潘志涛的演讲中，我记得最清楚的有两点：第一点是，他说如果他当了系主任之后，下一年要让北京舞蹈学院的毕业生要翻一倍；第二点是，给教师们的工资也要翻一番。我是从小在北京舞蹈学院长大的，十分了解学院各方面的情况，所以对潘老师说的这两条，我都不以为然，比如说第一条，学校的本科四年制，专科两年制，是到了时间毕业的固定人数，除非加班级，可是国家是有明确的名额限度的，不是一个主任可以说加人就加人的，根本就是不可能的事情。第二条说工资翻一番，我也觉得特别可笑，在那个时候像我们是根本不敢明目张胆地涨工资的。可是年轻的教员不懂啊，事实证明最后一件也没完成。可是当时潘老师的得票率是绝对的优势，当时是因为让全体教师投票选出一个领导班子来，一共要选五人。可是在竞选会上，选他的教师几乎就只写潘志涛一个名字，其他人连写都不写，那么这个票数肯定就悬殊很大了。

最后潘老师赢得了20多票，是绝对的优势。人就是"吃一堑长一智"，后来潘志涛讲话就比竞选时谨慎些了。从中国舞系主任的选举中看出潘志涛"初生牛犊不怕虎"，他敢于突破，敢于去做，敢于学习，敢于抓住机会，提前聚集了人脉，然后又有鼓动性特别强的发言，让大家跟着他干。朱清渊当时就比较理性，像做政府报告一样，很细致，很有条理性，连第一年做什么工作，第二年做什么安排都做了详细的描述，可是不生动，他这种不是一种竞选的手段，所以没人听他的，竞选失败。在潘志涛当了中国舞系系主任之后，由于我俩在教学上、教师人员上意见不统一，于是我就自己主动到李正一院长那要求到学院的科研处去工作了。

吴绚婷：是啊！潘教授年轻时，也曾年少轻狂过，但这更证明潘教授一生是个有梦想、有激情、有伸张力的人，这些从潘教授以后的工作中，都可以看到，例如"桃李杯"的创办。那么贾老师，您当年是怎么看待潘教授创办"桃李杯"舞蹈比赛的？

贾美娜：潘志涛当时就把工作重心都放在了"桃李杯"这件事情上了，其实当时中国舞系的教学对象还是中专的学生，潘志涛把老教师都放在第二线，而启用年轻的教员在第一线上教学。启用年轻大学毕业生，他们敢想敢干，知识面比较广，理论知识也比老教师强，但是教学有时不是靠理论的，它有相对的教学规律，老教师毕竟有多年的教学实践经验，是通过常年的实践得出的真知。当教师与当演员还不同，需要组织课堂、运用教材等，所以这种工作的安排使教学质量受到一定的影响。

然而，事物总是有它的两面性，年轻教师的优势主要体现在创新精神上面，比如，王玫创编的《春天》，就是她一边教学一边编创的作品；还有《黄河》，是姚勇、张羽军他们编的，都很有想法。他们这些教师从艺术的整体修养上有所发展。王玫在《春天》里就吸收了大量的海阳秧歌的动律，还在推扇时融入了芭蕾的挫步，许多动作也打破了传统山东胶州秧歌的固定做法。潘志涛给这些年轻教师提供了大量的机会，这时潘志涛的羽毛也逐渐丰满起来，他创办了"桃李杯"舞蹈比赛，走出北京舞蹈学院，推广北京舞蹈学院的教育理念，使全国各地的艺术院校人才有了交流的平台，这件事的意义是相当大的，他开创了舞蹈交流的新局面，这也是他人生道路上的一个重要转折点。

吴绚婷：贾老师，北京舞蹈学院成立了中国民间舞系之后，您和潘老师又一起奋战在教学的第一线，为什么您会回到民间舞系？您和潘老师是如何分工合作的呢？

贾美娜：1987年北京舞蹈学院将原来的中国舞系拆开，分别成立了中国民间舞系、中国古典舞系和附中。1987年就不像1984年那样竞选上岗了，而是就像原来一样，通过院组织部门产生出来各系的领导班子。潘志涛在中国舞系任职期间做的一些事情得到了大家的肯定，例如：提出创办"桃李杯"，年纪小又有了三年的系领导经验，所以他就顺理成章地成为中国民间舞系的第一任系主任，游开文是书记兼副主任。其实当时，潘志涛自己是想聘刘友兰当民间舞系老师的，可是李正一院长不同意，理由是她没教过大学生，无法很好地延续本科教育系的教学。

李正一院长认为要延续大学本科的教学，就要首先考虑参加了本科开创时期教学实践的教师，在教育系实践的基础上进一步去探索舞蹈大学的办学模式，而不是"重打鼓、另开张"。那么潘志涛就来找我谈话了，当时我对他有些看法，不愿与他合作，就说"不愿意"，你也知道我说话一向很直，于是我就将我对他在为人方面的看法都道出来。潘志涛听了以后，说"过去的事情不提了，咱俩就像谈恋爱一样，一起把民间舞系办好"。杀人不过头点地，我对他说出那么尖刻的话，他都能够忍着听完，以大局为重，这点让我很佩服。当时我在科研所工作，科研所领导朱清渊老师不放我走，和李正一院长争执不下，朱清渊说要征求贾美娜的意见，征求我意见时，我也以大局为重选择了民间舞系，于是就开始了我与潘志涛在民间舞系的合作。

吴绚婷：是啊！潘教授正如是，能成大器者，都有一颗宽广的胸怀，求大同，存小异也！

贾美娜：我回到民间舞系，首先感谢李正一院长对我的信任，她是我名副其实的恩师。李老师推荐我到大学任教，给我机遇，她就是我的伯乐，作为一个领导能够看到别人的长处，并且帮助他发挥自己所长，是位难得的好领导。

之后我就到了中国民间舞系工作，其实认真想，人和人之间是不可能一点矛盾都没有的，我和潘志涛在一些问题上虽然有分歧，但是我们俩都是以大局为重，回避了我们之间的矛盾。到民间舞系后，潘志涛给予我的任务是很重的，一个系能不能打响名声靠的就是教学质量过不过硬，这点关乎民间舞系能不能在北京舞蹈学院站住脚。当时就有很多人在旁观，等着看我和潘志涛的笑话呢。院里流言四起说，"肯定赶不上教育系"。潘志涛这个人也是个很有魄力的人，这点从他在中国舞系大胆启用年轻教师我就看出来了。他就把对学生要怎么教的大权都交给我了，可以说他用人不疑，疑人不用，完全撇开我俩的矛盾，完全信任我。

我可以说也对得起我这个师弟对我的信任。一接手我就提出在教学的做法上要有所改观，将半学期的考试改为一月一看课，让男班、女班的老师、学生互相看课。为什么要提出这一做法，我从小在北京舞蹈学院对学校的教学情况是非常了解的，这个环节的教学过程是非常重要的，我最讨厌"秋后算账"了，就是等到期末互相看完课后开会讨论，这些都不能准确、快速地落实到学生的身上。我主张要统筹把握教学质量及教学特点的准确性，结果证实我的主张是正确的，效果也是显著的。

当时民间舞系的教员不多，有潘志涛、游开文、我、朱向青、高度、崔华纯，开课没多久朱向青移民，崔华纯病故，所以女班老师就我一个在教学第一线，潘志涛、游开文各带一个班，我一个人带两个女班，大家努力工作。这样，教学质量首先得到了吕艺生院长的认可，接着外宾们也到我们班上来看课，为学校争得了荣誉，那么这时那些等着看我们笑话的教师们，他们的问号也去掉了。

然后就是张继刚他们编导班毕业了，张继刚要给我们民间舞系编创一台毕业晚会。潘老师非常支持，于是就把精力都放在这台晚会上，结果这台毕业晚会也得到了各界的好评。潘志涛啊，他特别善于去营造气氛、制造影响；而我是善于制造产品，然后由他来推销产品，我们俩可以说是一对，没有基础就没有推销的资本，没有市场就不能促进生产，于是我俩各自给各自定位，各人有各人的活法，而且活得都很幸福，在自己岗位上发挥自己的光和热。

吴绚婷：贾老师，您与潘志涛教授均为北京舞蹈学院中国民族民间舞的学科带头人，二位在民间舞的教学上，您认为各自的教学风格有什么不同的地方吗？

贾美娜：潘志涛他教的班男生都很火爆，跳起舞来那个热情洋溢啊，到了激动处，学生、教师还呐喊助兴，让那些去看他们班课的领导、老师、学生都情不自禁地想给他们鼓掌，也不知道是觉得跳得好啊，还是他们的那种氛围感染了在场的所有人，大家都跟着他那情绪走，自己也想跳起来。可见，他在民间舞的教学上是注重艺术表现力的，并且他的这种观念一直都延续至今，不论是民间舞的教学法，还是讲座课也好，民间舞课也好，甭管上什么课学生都愿意去上，而且还听说上得很快乐，这就是潘志涛教学的风格特点。

我的风格特点呢，跟他是不相同的。我这个人天生就比较理性，我的课堂上一定是要求学生动作到位、规范、准确，典型地传承着民间舞的风格。严格要求与人文关怀齐驱并行；民族性与科学性始终贯穿于操作中；理论性与实践性密切结合，要让学生不但知其然，还要知其所以然，这就是我的教学理念。

吴绚婷：贾老师，您是怎么看退休后的潘教授的？

贾美娜：潘志涛他退休了，比没退休还忙！他退休后仍然孜孜不倦地在做社会上跟舞蹈有关的许许多多的事情，仍然在煽舞蹈的情，在煽民间舞的情。像他参加的第29届北京奥运会开幕前仪式的民族民间舞蹈的表演；CCTV电视舞蹈大赛当点评嘉宾；参加张继刚导的《复兴之路》等。我们学术委员会开会都很少能够见到他，能见到他也是他急急忙忙地刚从外面开完会，回到学校，然后就生动地给我讲他刚知道的新闻，听后我们都鼓掌，后来我们都高兴得不知道今天开会的主题是什么了。他对社会上信息的沟通以及他人格的魅力，情商的渲染，都能够深深地打动和感染其他人的热情。他退休后更是一个十足的社会活动家，一个人有一个人的活法，潘志涛就没闲着的时候，如今要见他都得见缝插针的，他就乐在其中，享受这种忙碌中的充实感。

吴绚婷：最后，想请您用一句话来评价潘教授的话，您会说什么呢？

贾美娜：他用他自己的热情，毕生地为舞蹈事业的发展而摇旗呐喊！

感谢贾美娜老师让我们知道了许多潘志涛教授年少时、年轻时的趣闻趣事，也让我们认识了一位敢作敢为、敢为人先的潘教授！通过今天的访谈，不仅让我对潘志涛教授有更深的了解，同时也认识到了老一辈的舞蹈教育家，有自己所坚守的治学理念，有自己对学科建设的理想。贾老师与潘老师都是北京舞蹈学院中国民族民间舞学科的带头人，他们一起为北京舞蹈学院，为中国的民族民间舞学科贡献出自己的毕生力量，贾老师和潘老师以自己的身体力行为我们树立起一代舞蹈人面对舞蹈、面对艺术无私无悔的形象！

访谈时间：2012年6月14日星期四8：00—11：15
访谈地点：北京舞蹈学院学术委员会专家办公室（8号工作室）
访谈人：吴绚婷（北京舞蹈学院2010级研究生）

注重"各美其美、美美与共"的潘志涛

——满苏荣教授访谈

【人物介绍】满苏荣,达斡尔族,中央民族大学舞蹈学院副教授,中国舞蹈家协会会员,北京市舞蹈家协会理事。中央民族大学出版的维吾尔族女子舞蹈教材《天山舞韵》、傣族女子舞蹈教材《五彩雀屏》和朝鲜族女子舞蹈教材《舞动的长白山》录像教材的顾问和策划之一。曾组织策划了《卓玛专场晚会》、《沙呷阿依独舞晚会》。多次担任中央电视台春节晚会民族舞蹈节目编导、策划。

【访谈简介】满苏荣教授曾经是潘志涛教授的同班同学,是《中国民族民

间舞蹈等级考试》的专家委员会委员,又是著名的舞蹈教育家,在中央民族大学培养了很多人才。作为潘教授的同学兼同事,满教授很了解潘教授的舞蹈人生,她很有热情地跟我们讲了许多关于潘教授的事情。

我充满期待地前去对满苏荣教授进行访谈。中午和暖的阳光照耀着满教授,看上去她慈祥的笑容更美丽。满教授一直教课,也有很多别的事情,而且刚从东北出差回来,会觉得很疲倦,但是很乐于接受这次采访。因为我是个外国人,满教授没有接触过我,所以不认识我,但是也像熟悉的人一样对待我,让我放松,从一开始到结束,始终带着笑容回应,在满教授讲的每句话里面都有她对潘志涛教授的深情和友谊、对中国民族民间舞蹈的热情……

金东孝: 满苏荣教授您好,首先很感谢您接受我的采访。我在韩国大学毕业以后才到了北京,开始留学,考进北京舞蹈学院的研究生。以前一直在韩国读书,不太了解潘志涛教授年轻时候的情况,请讲一下学生时期的潘教授。

满苏荣: 学生时期的他也是个好学生。我们班是很团结的,当时的男孩、女孩现在都快70岁了,但直到今天还要聚会。聚会的时候,他经常不让我们用班费,自己花钱来请我们吃饭,他就是当然的班长,我们发生什么事情都去找他,他乐于帮我们解决。不过,当学生的时候,他不是班长,因为当时他很小,很调皮,上文化课的时候,班主任老说他屁股是带刺儿的,坐不住。后来我们聚会的时候,有时候请班主任柯显瑶老师来,柯老师一说起潘志涛就很敬佩,我这么说,很多人会认为学生时期他成绩不好,但其实他的文化课也很好,他很聪明,只是不想非得坐着看书,有的聪明孩子就不会老是坐着看书,他就是这样的学生。

记得有一次,是我们班主任的生日,潘志涛想起来了,就给我们打电话告诉我们,让柯老师过个生日,当时柯老师也没想到,很感动、非常兴奋,兴奋得一晚上睡不着,写了一首诗,然后他就把那首诗念给我们大家,可见,潘志涛是很有情有爱的人,我们班很团结。那个年代,什么都是自己来做,因为父母不在我们的身边,没有人照顾,所以同学们之间的关系就像一个家庭的兄弟姐妹一样很密切,因此,从12岁到69岁的现在,我们50多年一直互相联系、经常聚会,这就是我们班。

金东孝：毕业以后，您去中央民族大学，潘教授留在北京舞蹈学院，作为舞蹈教育家，培养了很多人才。您认为作为青年教师时的潘教授是怎样呢？

满苏荣：一般搞民族民间舞的人，知识都是在课堂里学的，因为教室里的民族民间舞是从民间经典的、最有典型性的东西提炼出来的，然后升华到舞台上就是创作作品。毕业以后，一般的人肯定开始按照学生时期学的东西来教课。但潘老师在这一点不像其他老师，他很聪明，一开始就怀疑民间舞在课堂上的情况与民间的原生态会不一样，他很早就开始一直下地方、去民间。

中国有 55 个少数民族，加上汉族就是 56 个民族，要去看的地方很多。中国有一句话，"读万卷书，行万里路"，意思就是要走很多地方，光读书、光学习还不行，还要去看看，去实践是最根本的。他去地方看了以后就感觉到"在民间是怎么跳的"是很重要，这就是根。

例如，在汉族舞蹈当中的山东鼓子秧歌，一般在很热闹的状况下跳，跳得很热闹、很活泼。但后来他去那个地方发现男子汉不能只活泼，它还应该更沉稳一些、再抻一些。"稳、沉、抻"的审美风格是他提出来的。他去西安看了兵马俑，兵马俑的姿态就是稳稳当当的，看了地里面出土的几千年前的雕塑以后，他觉得这就是中国人的气质的根本。然后把这个劲儿放到民间舞的鼓子秧歌里边，使鼓子秧歌更稳、更抻一点、更完善了。如此，他能把民间的东西用到教室里，并把几千年的文化、特有心态、情感都注入舞蹈里了，这是很难得的。我们当学生的时候，只知道学动作、情绪，在课堂上，老师讲文化和更深层的民族色彩的东西讲得不是很多，他们一般到大学和研究生阶段才讲。但是潘志涛一开始进入教学，就要把这文化跟动作和技术结合在一起教给学生，所以他培养的学生都很出色，很有成绩。中国民族民间的文化和民俗就应该放到教室里，教动作和技术的时候也要教这些东西，这才是传承民族文化。

中国古典舞是后来发展的，芭蕾舞是外来的，真正在中国活着的、在人们生活中间还在跳的主要舞蹈就是民间舞。因此，在成立中国民族民间舞系的时候，他就把中国民族民间舞蹈放在第一位。确实是这样，去地方就会发现，在民间一跳就跳民间舞，没有跳芭蕾的，古典舞是后人从壁画上拿下来跟芭蕾舞结合在一起整理的，是 50 年代以后发展的，但民族民间舞就不是这

样，不但一直在地方上传承下来，而且每个地区的舞蹈、服装、音乐都不一样。每个民族民间的这些物质文化、不同的语言文化与精神文化都跟民族民间舞蹈有关系。跳舞的时候也可以喊一声，如跳朝鲜族舞的时候喊"좋다，좋지"，这也是语言文化和舞蹈的关系。西藏的"拉索"等都意味着在舞蹈当中有语言文化。

还有，每个民族的宗教也属于精神文化，维吾尔族信伊斯兰教，藏族信藏传佛教，蒙古族信萨满教，傣族信小乘佛教，当地人跳之前和跳完后，常常会有一些宗教行为，宗教仪式的出场和敬礼都会在舞蹈里面，即舞蹈跟宗教文化会融合在一起。因此，如果只是把过去老师教的继续教给学生，民族民间舞就不会有更高的发展。民族文化是民族民间舞蹈的魂、根，没有根的话，发展也不好发展，所以我觉得课堂只是一个中间环节，就是必须到民间、到地方去挖掘，之后回来整理教给学生，然后再上舞台。即便这样做，学生还是会丢民间的东西，所以老师得带学生去采风，潘老师做这一点也做得很好，尤其是中国民族民间舞系成立以后，潘老师就每次去地方上采风，思考如何把这些文化的东西放进课堂里，如何让民族民间舞的那些规范和范围更细致、让它更带有文化，这就是他做的重点。尤其在大学，大学跟中专有这种区别。他在大学生学民族民间舞的状况上做出了重大贡献。

以前的北京舞蹈学院跟中央民族大学区别比较大，当然现在还是各自走得都很好，因为中央民族大学比北京舞蹈学院中国民族民间舞系成立更早，也因为中央民族大学的舞蹈老师们多数都是少数民族老师，大多数学生也是少数民族。他们的语言、行为等都已经在他们的身上表现出来了，然后经过一些训练，就会成为一名很好的舞者。以前北京舞蹈学院附中的学生虽然跳得很规范、很细致，集体性特别整齐，但民族的东西、意识可能比较少。一墙之隔，中央民族大学有民族本土的风度，老师和学生本身就是那个民族的。如，池福子老师、金艺华老师、慈仁桑姆老师、泽仁拉姆老师、敖登格日乐老师都是土生土长的、带着民族东西来的，虽然中央民族大学没有北京舞蹈学院那么细致，但民族风格特别浓，个性化特别强。

中央民族大学经常请潘志涛来看我们的教材，看完后，他就表扬，很客气地说"学了一辈子朝鲜族舞蹈，一看金艺华老师的教材，我才觉得我还不会呢。"他很谦虚，谦虚的人才能学进去东西。北京舞蹈学院后来派人去韩国、朝鲜，他自己也去延边看了，并学那边老师的东西，所以现在北京舞蹈学院的朝鲜族舞蹈教材丰富很多，发展得不错了。以前中专的时候只教古格里等几个代表性的组合，他认为，中国民族民间舞系作为北京舞蹈学院的一个大系，每个民族的教材都要丰富多彩，不可以光教几个经典组合，所以中国民族民间舞系建立以后，他的重大贡献就是系统教材的编写，这样以后老师们的教学就很系统、很科学。

潘老师对于中国民族民间舞系的建立、教师的培养和教材的编写，包括老师们各自的发展方向上都很有贡献，布局做得很好，虽然他后来退休了，但还在那儿当导师带学生，这辈子一直从事民间舞事业了。

金东孝：1985 年，潘教授曾经当过北京舞蹈学院的中国舞系主任，之后又当了中国民族民间舞系主任以及广东舞蹈学校校长。您对他的这些经历有什么评价？

满苏荣：潘老师不光喜欢汉族的舞蹈，对少数民族的舞蹈也很热爱，所以他认为北京舞蹈学院的各个民族舞蹈要发展。原来北京舞蹈学院是以汉族舞蹈为主，少数民族舞蹈为辅的，但他发现跟北京舞蹈学院相反，中央民族大学是以少数民族舞蹈为主的，以汉族舞蹈为辅的。他们当时没有那么多的少数民族舞蹈的教材，成立中国民族民间舞系以后，他认为不能只是以汉族为主教课，要把各个民族的教材整理出来，在这方面他做了大量工作，所以北京舞蹈学院和中央民族大学既是互相团结，又是互相竞争，有竞争才有发展。

北京舞蹈学院和中央民族大学在竞争关系当中还是有互相学习、互相发展，就是在交流过程当中，他会承认对方的优点，而思考自己的缺点，然后会慢慢改善。他不会很傲慢地对待对方，站在一个很高的位置也很风范，因为他是很宽容的人，虽然他不是少数民族，但他对少数民族有热情、有热爱，即中华民族的东西都在他的心里，于是他想，每个学校或者学院不一定走同一条道路。北京舞蹈学院的和中央民族大学应该是各有自己的特色，不一定以哪个为主，就是"各美其美、美人之美、美美与共"。潘老师肯定会跟你讲和谐之美，大家和谐才能发展，他真正能体会美美与共。

因此，他一直把握一个原则，各自的教材风格可以不一样，民间舞应该要包容各种风格、特色、特点，但是要有根，在有根的基础上，他把民间舞的包容性以及继承与发展也做得很好，所以他经常请地方上的查干老师、斯琴老师、马文静老师等到北京舞蹈学院教学，提高自己教师的水平，在教材的风格上形成跟地方接近的内容。20世纪50年代，我们当学生的时候毕竟有局限，但已经过去了50多年，人的观点、审美意识都在变化，现在不可能做得跟50年前一样。要考虑如何发展民族民间舞蹈、如何掌握和保护这个舞种。在这一方面，因为他始终注重文化的根、注重发展，所以他当领导之后做这些事情也做得特别好。

金东孝：2004年，潘志涛教授建立了"中国民族民间舞蹈等级考试"。现在这考级在中国各地都很受欢迎，很成功地发展下去。其中，您是"中国民族民间舞蹈等级考试"的专家委员。作为考级中心的专家委员，您怎么看潘志涛教授设立的"中国民族民间舞蹈等级考试"？

满苏荣：考级的教材，看起来很简单。小孩就跳一个1—2分钟的节目。3—5岁学1级到3级的，4级到6级又是一个年龄段，然后7级到9级……他们这样一点点学习，但它不是组合，它叫舞目，里面有形象和内容，1分钟都是舞蹈。他们不是纯粹学动作，也不是光学动作。考级一开始就从民族文化的传播教育小孩，让孩子们表现民族的情感、民族的特点。比如，孩子们跳维吾尔族舞的时候就知道戴帽子、扎辫子。通过教室，使民族文化直接进入民族民间舞蹈的状态，考级就直接把规范的课堂和原生的民间结合在了一起，小孩特别爱跳。

例如，考级中心把剪羊毛、骑马或者挤牛奶的舞蹈动作教给孩子的时候，不是光教动作，而是跟真正的生活劳动一样的。有的孩子动作太大，但事实上挤奶的动作没有那么大、羊的毛也不可能那么乱剪、骑在马上屁股乱动就会掉下来，这些舞蹈也是生活行为，也可以夸张一些。小孩跳傣族舞的时候还会拿手当象的鼻子表现象洗澡，他们会学各个民族的特定生活行为，还会练整个身体和各个关节的功能，如此，考级的教材很科学、很有表现力、很有民族性，这就是把生活的源泉跟舞台的表现力结合到一起。考级不仅开发小孩的想象力，而且让民族文化进入孩子们的心中，提高民族意识和民族情感。于是我有时候觉得这些考级的教材比很多专业的课堂还丰富，专业的课堂也应该往这样的方向走。

我越来越对考级的教材感兴趣，认为这套考级教材是很成功的，教材里面很有形象，可以引导孩子们从小发挥他的想象力、开发志向。孩子们上课时没有像上专业课那么紧张，考级教材让他们高兴、寓教于乐，孩子们都很愉快地上课。因此我看，潘志涛做这个事情做得很好。北京舞蹈学院也好，中央民族大学舞蹈学院也好，解放军艺术学院也好，大家都进入考级中心，又在那里结合，这都是因为他有所考虑。他经常下到地方，而且研究如何在教学里边把民间、教室、舞台上的东西有效地连接起来，所以考级才能发展成现在的样子。

金东孝：潘教授除了舞蹈教学方面以外，还作为点评嘉宾，参加了 CCTV 舞蹈大赛等许多舞蹈比赛以及在各个文艺活动当主持人等。您是怎么看他的这些经历的呢？

满苏荣：中国有 56 个民族，但是一个民族里面还有很多支系。比如，苗族分为白苗、花苗等，傣族也分为花腰傣、水傣等，分得很多，还有，在内蒙古呼伦贝尔有几个蒙古族部落，如巴尔虎蒙古、卫拉特蒙古、厄鲁特蒙古等，他们的舞蹈、服装和音乐都不一样，还跟鄂尔多斯不一样，一个地区有那么多的分支，所以要搞民族民间舞蹈的话，要下地方去看看，在这一点上潘志涛做得非常好，他经常下去看看。因此我想，不能看他老在中央电视台每次都去做点评，他的肚子里有东西，这口才怎么练出来的，是心里有东西、自己的身上有文化、见过那些东西才会有话说，如果没有这些体会，就讲不出来。很多人光看到光辉灿烂的一面，然后认为他当了很多年的教师，所以当然会说了，还认为他讲的话好像是即兴的，但绝不是这样，在他的身心里有东西、有文才和口才，更多的还是有文化、经验，而且他特别爱学习，还爱看书。实际上聪明的人很多，但不好学或者自己觉得学会了的话不一定能讲到这儿，他通过学习，在他的身上有了文化和学术上的见地，也有了教学的实践经验和眼光，并且他的性格、品质和责任心、热情、对民族舞蹈的爱好等也已经在他的身上、在他的心里面，这些都必须有，缺一个就做不到这样的事情。

除了在电视台点评以外，他还创办了"桃李杯舞蹈大赛"，通过他的启动，促进了全国各地的学校舞蹈教学的发展，按照它的标准培养学生，即他提示了民间舞的走向。各个学校就自然地走到一块了，他对别的舞蹈学校的态度不是傲慢，他不提倡要以北京舞蹈学院为主，注重美美与共。

　　桃李杯、考级中心、北京舞蹈学院中国民族民间舞系、在中央电视台等各种活动里面去点评等，他起了一种民族民间舞的发展的推动作用和提高、升华的作用。至于他的点评里面还有文化，这都是因为他不仅很聪明、很踏实，而且把民间舞作为他的生命一样去做，所以他到现在做出的事情都非常好。

金东孝：最后，如果让您评价潘教授，您对他的总体评价是怎样呢？

满苏荣：我的同学里边有潘志涛是很骄傲的事情。在同班同学里面，谁有进步、谁有成果，大家都会觉得很光荣。作为他的同学，这是挺高兴的。我想，他就是很热情的、很热爱民族民间舞蹈的、很好学的人。因此，他把搞民间舞的人应该做的事情都完成得非常好，他的生命和情感都融入民族民间舞蹈、民间文化里了。

　　访谈时间：2012 年 10 月 24 日 10：30—11：45

　　访谈地点：中央民族大学对面，中协宾馆茶馆

　　采访者：金东孝（北京舞蹈学院 2011 级韩国研究生）

有才华、有智慧、很不一般的一位老同学

——邓文英教授访谈

【人物介绍】邓文英，北京舞蹈学院副教授、中国舞蹈家协会会员。曾编创的教学剧目有《雏鹰展翅》、《东方白云》和《云水》等。自 1989 年随孙颖教授创建《汉唐古典舞》，2001 年退休受聘于北京舞蹈学院古典舞系，从事汉唐古典舞教学研究。

【访谈简介】邓文英教授是潘志涛教授年少时的同班同学及挚友，毕业后留校从事中国民族民间舞与中国古典舞教学工作，培养了很多优秀人才。作为潘教授的同学兼同事，邓文英教授对潘教授的舞蹈人生有一定程度的了解与看法，她与我们分享了许多年少时潘志涛教授与同学、老师之间的生动趣事以及潘志涛教授的中国民族民间舞事业。

　　当日晚上8点，我如约来到邓老师家中，这次已经是邓文英老师的第二次补访。她平时比较忙碌，但采访过程中，在她的脸上却没有看到一丝倦意，反而神采奕奕，特别积极地配合采访。虽然我之前与邓教授没有过多接触，但是她和蔼可亲、平易近人，消除了我的紧张和压力，访谈氛围自始至终也都处在一种愉快、放松的状态。从邓文英教授的谈话中，我们能深刻感受到她与潘志涛教授之间珍贵又美好的友谊以及他们那一代舞蹈艺术家对中国民族民间舞蹈的热爱与执著。

　　周菁菁：邓老师，您好，我们都知道您与潘老师曾是关系非常好的老同学，能跟我们说说您与潘老师是怎样认识的吗？您对他的第一印象是什么样的？

　　邓文英：我是潘老师这个班的插班生，潘老师这个班是当时北京舞蹈学校唯一的中国舞七年制班级。我当时插班的时候，他已经是五年级了，五年级的下半学期。实际上，我们作为同学有两年半的时间，但是这两年半在那个时候是成熟时期，从少年进入青年时期。在那个时候，我们两个在同学关系上都是印象很深，不像小孩的时候。潘老师给我的印象，是在他们班里很漂亮、很帅气的一个小伙子。上课的时候，我们有一位民间舞女老师，叫李正康，总是学他，说他每次上课都要把头发整理一下，总不忘记用手把头发（一拨），这么一个动作。

　　周菁菁：对，我们一直认为潘老师是一位很注重形象的人，我们也注意到您平时也对穿着十分讲究，从这点来看，您认为教师自身的仪表与衣着对课堂教学起到了什么作用？

　　邓文英：这起到了相当重要的作用。课堂氛围是我们很讲究的，这关系到课堂定位，比如我们练现代舞，可以散头发，可以穿着很随意；跳维吾尔族舞，女孩子必须戴上维吾尔族的帽子；学朝鲜族舞，我们要穿上朝鲜族的衣服；跳藏族舞，要穿上靴子，跳蒙古族舞，要穿上蒙古族的裙子，我觉得这些都是课堂氛围。只有这样，你才能认识这个民族的文化，这也是文化上的一个审美教育。

　　如果说是品质的话，那教师更应该有一个严谨的作风，所以穿着和打扮，实际上是表示你对生活的态度，对艺术的态度，是一致的。你不可能想象，有的人你觉得很邋遢，他可能就很个性。比如说，我们会觉得跳现代舞的，有的时候我们不大能接受，就是因为现代舞太强调个性，要和别人不同，所以把头发散开，或剃光，或者留一撮，反正就是要跟别人不同。大家很利索，我就要邋遢，再加上现代舞本身也接受我们民族的文化，它还有一个我们民族未尽的风度，就是要崇尚自由，不要约束。

实际上，我一直觉得我们从事中国民族民间舞是一个继承和发展的关系，你要发展，为当代人服务，一定要继承，继承这个东西，确实就是要尊重前辈，这里面有一个严谨性和规范性。所以民间舞教师，或者是中国舞教师，包括芭蕾教师，这些传统很强的教师，不仅是讲究个人的仪表，而且是表示着他对艺术的严谨性，对艺术的尊重。所以我们平时和课堂上不是一样的，在课堂上，我们一定会统一着装，跳维吾尔族舞一定会穿硬鞋，跳朝鲜族舞我们一定不会穿旅游鞋进去，我在教课的时候绝对不穿旅游鞋。咱们在早期的时候，拿旅游鞋当爵士鞋，那个也说得过去了，但我们现在不能这样。所以，我就想，潘老师从十几岁开始就知道重视自己的形象和仪表。虽然很多老师也无所谓，比如刘友兰老师，这一辈子我都觉得她可能就烫过一次头发，是她女儿赶着她去的，她不大会装扮自己，但是她也知道课堂上穿什么衣服，也保持着最朴素的一面。我们的性格比较开朗，所以有的时候衣着上也会比较时尚。

我就想，从那个时候开始他就很注重自己的仪表，无论是作为一名舞蹈老师也好，还是作为一名舞蹈演员或舞蹈艺术家，他从小就懂得自己应该是什么样的形象，所以我们都觉得，他挺注意形象的。而且，有一口漂亮的牙吧，有一个标记：虎牙，他硬是在毕业以后给拔掉了，我们都笑他，其实他一笑（虎牙）挺好看的。总的来说，他就是这样。

周菁菁： 您觉得潘老师的个性以及个人魅力是什么？他有哪些地方是让您比较欣赏的？

邓文英： 我觉得他是一个非常有智慧的人，十分聪明。我们刚毕业的时候，跟着老师们去采访，去过西双版纳采风，还去过监狱里采访傣族舞蹈家毛相。其中，去西双版纳发生了一些趣事，老师说："潘志涛，你来负责我们的经济。"就是买票什么的，但是刚到昆明，他就丢了70元钱，我们的工资只有42.5元。他当时紧张得脸都变了，说："老师，不行，我真的不能干这个事儿啊……"然后老师就说："邓文英，你来负责吧！"我马上说："老师，我回北京，我不去啦！"因为我也不行（笑）。我们在计算、数学上绝对是弱智，但是在艺术上，潘老师绝对是一个非常有智慧的人，而且，他很喜欢去创新。

"文化大革命"当中，你们可能听说过，有一个"毛泽东思想小分队"，你知道全国风起云涌的小分队，第一个就是潘老师和当时我们一起工作的一些同学，比如陈银云、李季武，李季武曾经做过舞剧团的团长，也就是现在的歌剧舞剧院，陈银云也是在我们学校附中当过民间舞老师，所以潘老师在那个时候和他们就搞得非常红火，然后带动了全国都在搞这个。搞这个"毛泽东思想宣传队"得有条件：会跳、会唱、会写。潘老师有一副好嗓子，你们上课的时候也许能感觉得到，他经常一边唱、一边跳。那个时候我就觉得，他很喜欢创新，能带动起一件大事。你看后来，"桃李杯"也是他创建的，当时挺困难的。我其实不太理解，比如民间舞的刀美兰和莫德格玛怎么赛啊？他们都那么棒，所以我不太理解。但是潘老师他闯过来了，他让全国都知道我们有民间舞蹈，也让全世界都知道我们的中国舞蹈是这样丰富。我不得不说，这些都有潘志涛的功劳。

周菁菁：您说到潘老师喜欢创新，非常有组织能力，能带动一件大事。您对他这些行动是怎么看的？比如您刚提到的"桃李杯"舞蹈比赛的创办，他是如何将一件事推动起来的？您认可他的做法吗？

邓文英：我开始是不太理解的，因为创办"桃李杯"的时候我觉得评价标准不同，我们是模仿芭蕾的做法，芭蕾的标准是统一的，Fouette（挥鞭转）32 个就是 32 个，36 个就是 36 个，跳就是跳。它都有统一的标准，我就想，莫登戈玛和艾依提拉如何比较。在我们那个年代，莫登戈玛是蒙古族舞跳得最棒的，艾依提拉是维吾尔族舞最棒的，崔美善是朝鲜族舞最棒的，刀美兰是傣族舞里跳得最好的，这些人怎么比较？让刀美兰去做维吾尔族舞甩腰，或是让艾依提拉做蒙古族舞的碎抖肩、板腰……我就不太懂，这怎么赛？就像古典舞可以模仿芭蕾，民间舞就不太清楚。

但是，他从小一定要做一件事情，在学生时代就有一种雄心壮志，我就觉得一定要有梦想，要有决心。反正他想做一件事，他做什么事我不太理解，因为刚好那个时候，我在附中做排练教师，事情也比较多，就没有太多的关注。其实我现在很遗憾，他当时多需要同学的支援，我就没有支持他，因为我不太懂。但蒋华轩老师很明确地支持他，另外潘老师在学校里面，能把学生动员起来，他语言能力很好，善于交流，就有更多的人支持他。另外，我后来听说，启动资金也很重要，这个就更难了。等他做起来的时候，我就觉得太了不起了。我就觉得他太棒了，要是我，绝对不会做这件事情。一个是难，我不知道怎么定这个标准，怎么组织。所以我就根本不再想了。我们都是在学校里成长的，就是同学的关系，他当初的艰苦，虽然我没有参与，但是我觉得事物的必然发展都是这样的，就好像我们现在的古典舞也有这样的问题，戏剧加芭蕾，现在芭蕾也是，又加了现代舞，这都是必然的，我们刚开始不会认识得那么清楚。

潘老师能够突破这个已经很不错了，而且不仅让全国人知道我们的舞蹈，也让世界人都知道中国有这样的舞蹈。我们还分为中国民族民间舞，芭蕾舞，这么多人在做，我们知道我们自得其乐，我看有一届"桃李杯"，下着大雨，大家打着伞，出来进去的都是我们舞蹈人，但是毕竟把舞蹈人的心挑动起来了，大家都在做自己这些东西。现在会面临一些问题，可能我们也没有太多的交流，他可能也了解到了评价标准的问题。现在做的就不是他能够左右的了，因为这股浪潮，用孙颖老师的话来说，就是改革开放以后，或者越来越多的西方文艺进入我们国家，我们打开了窗户觉得很新奇，年轻人会觉得很亮堂，很有趣味，但是他们的审美和我们的审美如何区分？结果容易变成以跳转翻为主，比技术。这样包括维吾尔族舞或蒙古族舞率先的可以有跳、有转，有地下打滚这些现代舞的元素加入，但是朝鲜族舞和傣族舞比较难，朝鲜族舞就是可以多些转，把裙子撩起来也很难。傣族舞也是把裙子劈开，转成多少，就是杨丽萍来比赛也得不了一等奖，因为有技术技巧的组合，她就过不了关。

所以现在碰上这样的问题，既要发扬，又要细致区分，就是有这么一个过程。回顾起来，现在"桃李杯"发展得这么火热，我觉得问题是可以解决的，追根溯源，潘老师功不可没。再加上民间舞系成立以后，每一届毕业生的汇报演出和毕业的成果展示都有所不同，但是这些不同肯定倾注着潘老师带领着年轻教师的一番心血。如果没有他的思维，他的想法，比如，中国舞考级很红火，但是也存在一些问题，就是这个时候，潘老师冲出来做中国民间舞的考级，也让民间舞更丰富。中国舞考级里虽然也有民间舞部分，但是应该说做得有点刻板，或者是不太生动。所以，他现在精力这么旺盛，我想一定会做得很好。

周菁菁：您与潘教授是在学生时代相识的，您觉得与那时年轻的潘教授相比，现在作为资深老教授的潘志涛老师有什么变化？

邓文英：我就说，他比原来更加稳重了，而且更加谦虚了。以前他可能要做很多事情，比如说碰见人，他可能都来不及打招呼，或者是他也许忙着自己的很多事情。但现在我觉得，他非常关注大家，也关注别人的生活。他不是只做一个专家，只关注自己的专业，因为我们都住在院里，跟院里的老教师、年轻教师，他都会主动打招呼，而且大家都觉得，他还是原来那个样子，他根本就没有改变。我是感觉得到，他除了样子还是原来的样子，那么活泼、那么善谈，也善于与别人沟通。这里面，他也透着一些沉稳和谦虚了。

其实我刚才也都说到了，他的随和，他的应变能力，不管跟什么人都能交流。现在也是，他到了这个地位，到了这个年龄，对所有的孩子，年轻人，不同的性格，都能够很好地沟通，引导他们。我有的时候关注了一下，他在电台里和一些年轻人的交流，我就觉得他作为一名老教师，能够很好地带领年轻人，这点他做得很到位。我对他是充满希望的，他真是难得的人才，又聪明，在舞蹈艺术上又有想法，而且谁看见他都觉得和蔼可亲，小孩子都叫他潘爷爷嘛，我们同辈人，到现在都还叫他外号，他叫"老猫"，你们知道吗？我们大家见面时很少叫他"潘志涛"，有的时候当着学生的面我会叫他"潘老师"，但是我们自己都会老远地叫他"老猫、老猫！"他都不会因为自己的地位，自己所作的贡献，把自己放在那儿，和我们不一样。反而我和我们同学都觉得他比原来更加谦虚了，还保持着他那样的幽默，那样的智慧，非常生动有趣的言语，我们都希望他能为中国舞蹈多作贡献、做得更好。

周菁菁：您提到过潘老师有一个外号，叫"老猫"，"老猫"是什么意思？为什么大家要给他起这样一个外号？

邓文英：其实"老猫"是他们那个班的人取的，我是插班生，在他们五年级的时候，我才到这个班。我问他们班同学，据说是潘老师爱吃鱼，有一天大家把所有的鱼刺都堆在他那，故意的捉弄他，"老猫、老猫"就叫起来了，特别好玩，他就认可了。就是恶作剧，是不是这样，我也不知道。他们这么说，别人是不是这么看，就不知道了。现在我们见他还是"老猫、老猫"

地叫，我们同学经常聚会，就说"老猫怎么还没有来"，要是有学生在就叫"潘老师"，老教师也知道他是"老猫"。他是不是演过老猫，或少先队的时候演过这样的童话剧，就不知道了。

周菁菁：我们都知道您与潘志涛教授是关系非常好的老同学，现在又是同事关系，你们之间一定发生过很多精彩的故事，您能回忆一两个印象比较深刻的事情吗？

邓文英：我们是1963年毕业的，你看，1963年刚刚毕业，有一年我们全部都下去，叫"知青"。也就是说，1963年毕业，有一年的"知青"，那从1964年，将近1965年，我们回到学校，刚开始教课，然后很快就是"文化大革命"了。"文化大革命"十年，是我们最年轻、精力最旺盛的十年，所以在这十年里，我觉得潘老师其实和很多人一样，是受了很大波折的。

他被打成"516"，被关起来，好像是叫"受审查"吧，我觉得这时候实际上是很痛苦的，我们之间不能有交流。在这之前，"文化大革命"刚刚开始的时候，他就去做毛泽东思想宣传队，在舞蹈学校里头都是年轻教师，我们一块去"大串联"。"大串联"的时候，我们已经是年轻教师了，还拿着学生证，可以到南方去，我们一起去串联。那时候大家都是二十几岁的年轻人，潘老师其实刚毕业还不到二十岁，非常年轻，充满了活力，充满了激情。通过跳舞、唱歌的方式宣传毛泽东思想，唱革命歌曲，教大家跳舞，我们一起坐火车，一起到处去串联，这就是刚刚开始。

后来，经过"文化大革命"的波折以后，舞蹈学院重新开始了十年洗劫以后的恢复，开始恢复舞蹈学院的时候，我们还是中专，我们一起招收学员。高度老师、明文军老师就是第一批学生。那个时候是中专时期，高度老师他们毕业以后留校，我们和高度老师就是同事，和潘老师也成为同事，到了1978年我们学校成立大学了，潘老师被聘到大学里面任教，筹划大学部的中国民族民间舞，跟着许淑媖老师一起筹划民间舞系。当时我就留在中专做排练教师和民间舞教师，我们就是这样的一个同事关系。我们经常会碰见，可没有更多的直接关系了。但是我看到了，无论做"桃李杯"也好，做教材也好，我都看到了他的成果，我觉得他一直在做事，他是一个把事业和生命挂在一起的人，我对他是这样一个印象。

周菁菁：我们都知道您与潘老师在刚毕业的时候一块去过西双版纳采风，

同时采访了傣族舞蹈家毛相，能与我们讲一下当时的情况吗？您认为民间采风对于中国民族民间舞学科及教材的建设有什么贡献与意义？

邓文英：当时我们一起去采风的有贾美娜老师，还有一位陈春绿老师。民间舞系成立的时候，贾美娜教第一届学生的朝鲜族长短鼓舞，她在1951年向朝鲜族老艺术家学过，我们这一组人当时去就是学习傣族的东西，我们在西双版纳文工团学习了傣族舞的组合，他们已经整理了傣族舞蹈的一些组合。当时还学习了彝族的烟盒舞，学了很多东西。

我想象这些活动，我们是刚刚毕业，能够去参与这样的活动，就是告诉我们民间舞就是要原汁原味的，要学的话，要懂得创作者，创作者是劳动人民，他们在劳动当中创造的这些舞蹈。比如说嘎光，其实就是傣族秧歌，因为傣族在农闲之后，打起钲锣，敲起钲鼓，这样的话，我们通过这些简单的动作了解他们的心态，了解他们在什么情况下，以什么样的一种心情去跳舞，他们的这种鼓声都是自己打的。钲鼓是要用黏米在中间糊上以后才有定音，才发出这样的声音，这样的钲鼓，原汁原味，钲鼓、钲锣会给我们带来什么样的情感，所以，后来我才知道，做民间舞一定要到最基层去，到人民当中去，所以我知道潘老师，也是带领学生，他特别强调要下到民间，要去走这样的路。

到那以后，毛相不在，他们特地组织一些活动，邀请北京来的舞蹈家跟大家在一起跳舞，这样组织大家一起晚上跳舞，我们就能跟着他们一起感受这些东西。舞蹈不是感受动作，而是感受一种心态，感受一种氛围，感受一种心情。所以，潘老师在讲课，或者他在示范，都是有这样的基础，不然就是空的。那时候我们是通过刘金武（当时的云南舞协的主席）去找毛相，毛相在大山的监狱里面，一般这样的监狱四周都是山，是让犯人不好跑的地方。所以去的时候也很艰难。

到那以后，毛相要喝酒，我们也懂得了，因为像这位老教师陈春绿、刘金武老师他们都是我们的前辈，他们过去比我们下乡的机会更多，就是刚刚解放的时候，吴晓邦老师会带着这些人、鼓励这些人，到西南、到这些地方下乡，他们会很有经验。就是跟他们一起，必须给他们喝酒，艺人喝了酒就来劲。我们买了白酒，通过监狱长拿给他，他是杀过人的，所以都是戴着脚拷，后来把脚拷解开以后，让他跳舞，给他制造一种气氛。但是他毕竟在监狱里待了很久，没有那种舞蹈气氛，他是一个艺人，是很随意的，在那种情况下，不会常年跳这个舞了，后来我们没再看过他跳舞，只见过他跳傣族的孔雀舞、大鹏舞。他跳的时候戴的是木质的道具，大鹏鸟就是这样，他跳在凳子上，头在动，发出的强烈的光，确实像大鹏鸟在觅食，在寻找一种生命上的意义，这是最后生命的展示。

当时我从他的眼神里，没有看见更美好的东西，因为舞蹈是要表现更美好的东西，但是现在回忆起来，当时觉得他特别凶，就是那束光，只是凶光。现在我感觉到，这是一种生命最后的渴望，就是到处寻求的感觉。其实在他那没有学到什么东西。在西双版纳的文工团，他们自己编排的一些组合，他们如何归纳，比如说手的动作，脚下动作的起伏，还有很多的启示。这在我们学校提升为大学以后，潘老师在做民间舞系的教材整理工作当中，都会成为他的积淀。

因为后来我没有更多的参与其中，虽然在这之后也教了一段时间民间舞，对我来说都是得益于这个积淀吧。所以到现在为止，想起傣族舞的一些基本动作，基本的感觉，都是下去以后从这些老艺人身上学到的东西。因为他们是直接跟老艺人学的，所以他们现在看到那种有点做作的，把腰抻的很长，哈腰撅屁股的傣族舞动作，就觉得那是一种发展，是现在舞蹈人对傣族的一种理解。真正的傣族舞蹈不是这样的，包括后来的刀美兰跳她自己编的《水》，还有她现在跳的一些东西，我觉得更加地贴近自然、贴近民俗，更朴实。

我想这是一个根，你可以去发展，但是不能忘掉这个根。像我们这一代人，我和潘老师，虽然各走不同的路，他一直在坚持中国民间舞的教育事业，我虽然做了别的，但是那个时候去民间，一个是告诉我们如何去学习，和那些老百姓、老艺人一起跳舞。下去采风的过程还是很艰苦的，但是无论怎么艰苦，一定要有第一手材料，才会给你更深刻的印象，印在心里。

周菁菁：采风是否在那个年代已经成为一种研究惯例或传统？

邓文英：这是必须的。我是吴晓邦老师的学生，吴晓邦和戴爱莲那一代人在新中国成立初期没有这个条件，新中国成立之后，国家就开始支持他们了，我们有自己政府的支持。吴晓邦曾经是民间歌舞团的团长，后来在舞研班和舞韵班，他就会带着他的学生们到西南，到各个地方去采风。

　　李正一老师后来研究古典舞，其实她的安徽花鼓灯跳得不错，大家都知道孙颖老师研究汉唐古典舞，实际上他跟着吴晓邦老师去过西南边疆，去过彝族和藏族地区学习民间舞。原来我们的舞蹈只是属于一种民俗活动，民族民间舞都是属于一种民俗活动，只有维吾尔族的康巴尔汗做了一些事情，因为他在苏联学过芭蕾，他也常常出去采风，把维吾尔族舞做了一些教材式、组合式的整理。其他像汉族，流传在民间的舞蹈，怎么把它归成我们的教材？怎么把它作为专业的东西吸收过来？吴晓邦老师早就告诉过我们。

　　1958年，我在天马工作室工作、学习，1951年前后，吴晓邦老师就鼓励他们那一代人，包括王克芬老师，一定要去采风，后来我们就跟着这些老师去采风。我和潘老师还去过一次陕西延安，看溜溜旦的踢谷子，陕北的小花戏，它应该在延安榆树地区，也是挺艰苦的，我们做好了艰苦的准备。我们知道现在搞民间舞的人，下去采风已经是很好了，因为我们农村都建设好了。过去我们去民间，比如我们一起去延安的时候，就没有现在这样，可能是"文化大革命"刚过，还是没有秩序，还有沿街讨饭的。就是为了快乐，他们通常在过节的时候跳秧歌。当时地上全是土，我们就一直跟着他们，我们住在窑洞里面，老一辈的人告诉我们，窑洞里有虱子，所以睡觉的时候一定要把衣服脱掉，然后我们找一个绳子把衣服搭在上面。出来的时候，要拿毛巾把衣服擦一擦，不让虱子趴在衣服上。然后，再把衣服拿下来抖，再穿起来，不然的话，会把虱子带回北京的。

　　另外，我们吃的也不好，有的时候好不容易买了一碗面在那吃，旁边就有要饭的在那等着你吃剩的。其实我们也吃不饱。所以，不管怎么艰苦，我们也都不觉得苦，一路上开玩笑，又说又唱。我们那时候没坐过飞机，我们就说，如果我们的王文汉（音译）老师（乐队老师，年纪比较大）在我们跟着秧歌队跑的时候摔个跟头，咱们就可以申请坐飞机了，就是因为大家都没有坐过飞机。但是，我们知道学习民间舞要去的地方是民间，是比我们的生活要落后的地方。越是落后的地方，越是不发达的地方，遗留和保存的原汁原味的东西会越多，所以，民间舞人就要有这样的思想准备，要不怕苦，要去最艰苦或者最落后的地方。那时候跟我们一起下去的，还有一位老师，他去彝族地区的山区里面，开着摩托，我们老师们开着吉普车去，当时很多彝族人说："这是中央来的，开着铁牛来的。"于是就抱了很多草放在吉普车旁边，说这是铁牛要吃草，他们的思想都是那么落后的。然后，他们燃起篝火跳舞，我们这些老师开始跟他们学习。

像我和潘老师这一代人，因为我们是第二代，会听到很多第一代舞蹈人的一些故事。比如说有一个老师叫黄石，是四川人，他要研究彝族男子的刀舞，他是从哪里开始做起的？他先发现了一顶帽子，就召集当时的地方寨主，也是头人，来开会，让他们认这个帽子，他们想起这个帽子可能是他们父辈的哪个人戴过，这个人是什么样的地位，现在谁见过这个人？然后把那个人找来，问这个人戴这顶帽子的时候是什么样子。他说戴这帽子的时候是穿披风，还挎着刀。有人就这么模仿他，这就是生活。后来他就拿着这些东西编出来了非常漂亮的彝族男子刀舞，戴着披风，戴着这种帽子。

所以创作源于生活，是让我们舞蹈人去发掘的，我们都是这样听着，他们是这样做着，我们这代人也是这样做的，然后再带着你们一代代人也必须这样做。就是说采风，或者是田野采风，实际上我们就是下去民间体验生活，原汁原味地和他们一起生活。

周菁菁： 1978 年北京舞蹈学校成立了大学部，潘老师被聘到大学部任教，当时在筹划大学部的中国民族民间舞系，您能说说他当时是怎么筹划民间舞系的吗？您认为他在这件事上做得怎么样？您觉得他对民间舞系都做出了哪些贡献？

邓文英： 这个筹划可能不是潘老师，是许淑媖老师，这主要是因为当时许淑媖老师要找她的助手和合作者，其中一个叫韦奈，一个是潘老师，韦奈是做音乐的，他们都很活跃。许淑媖觉得一是潘老师是她看着长大，是从"腹中"一直带出来的；二是信任潘老师，而且在业务上的基础也是一致的。因为大学总要做学术，不是做别的，那么学术的基础是有的。因为当时马老师和我正好是在青年舞团，所以马力学没有参与到这里面，他是青年舞团的团长，许淑媖老师做这样事情的时候就选择了潘老师，他们共同到底是开了多少次会就不知道了。

周菁菁： 邓老师，我想再追问一个问题，您对退休后的潘老师怎么看？对他退休后的生活有什么样建议？

邓文英： 潘老师一直都特别严格要求自己，一直是奋进的，他不甘落后，不甘消停，他一定要做事情，而且要做别人没做过的事情，这就是我对他的印象。他现在事情做得很大，很多人都知道，我们同学经常开玩笑，因为他的上镜率最高，大家都知道，而且他十分灵活。后来跟他接触就没那么多了，我觉得他真的是沉淀了，他已经厚重了，而且比原来更谦虚了。

他原来也是很谦虚，你看他是个很有想法、很有创造力，也非常敢于说的人，一般大家就觉得这样的人肯定很自傲、很高傲，但是我觉得他从来不骄傲，很谦虚，而且和任何人都能够很好地交流、搞好关系。我想这可能也是我们民间舞人的风格，民间就是农民，中国是个农业的大国，我们汉族也好、各个民族也好，你必须下去采风，你必须与底层的那些民间舞创造者们有所交流。因为我们也是民间舞人，我们都有这样一种性格。潘老师在这点上更加突出，特别容易让人亲近。我觉得他真的为我们民间舞人树立了一个榜样。但也不能说潘老师是头一个这样的人，比如贾作光老师、许淑媖老师，这些老师带领着我们，一辈一辈都是这样去做的，我们继承了这样的优秀传统。

对潘老师的建议，我希望他能够保重身体，他应该让身体更好一点儿，发胖方面要控制一点儿，呵呵。现在我看来，他的精力很充沛，各方面也比较注意，我早上偶尔碰上他在晨练，看得出来他还比较注意锻炼，能够全面地把自己的身体养好，为了我们中国的民间舞事业，为了我们民间舞的教育事业，我想，我们需要他。

周菁菁： 如果让您用一个词或一句话来形容潘志涛老师，您会怎么总结？

邓文英： 我说他是有才华、有智慧、很不一般的一位同学。

访谈时间： 2012 年 9 月、2012 年 11 月 23 日

访谈地点： 北京舞蹈学院地下室录音棚、邓文英教授家中

访谈人： 周菁菁（北京舞蹈学院 2011 级研究生）

为我打开一扇窗的人

——王玫教授访谈

【人物介绍】王玫，现任北京舞蹈学院现代舞教授、编导、中华人民共和国国务院"政府特殊津贴"获得者，北京市"教学名师"荣誉获得者，中国舞蹈艺术"突出贡献舞蹈家"称号获得者，多次跨专业、跨国界任教、编舞。

【访谈简介】王老师从进入北京舞蹈学院，就开始了与潘老师的缘分。潘老师独特的人格魅力深深影响着她，潘老师的宽容和真诚也为王老师未来要做一名什么样的老师做了一个很好的示范。在王老师的成长过程中，潘老师起到了非常重要的作用，可以说打开了一扇全新的窗户。每当遇到困难和挫折时，潘老师总是会用自己的热情和真诚毫无保留地为她提供帮助。从王玫老师的访谈中，能够感受到她与潘老师之间深深的情谊。不仅可以从侧面进一步客观地了解潘老师，而且从中可以看到他在培养舞蹈人才方面所做的努力以及教书育人的理念。

张晶雪：王老师，我们知道您跟潘老师相识已经很长时间了，您还记得最初您跟潘老师是怎么样认识的吗？他最初给您的印象是什么样的？

王玫：第一次见到潘老师，他并不认识我，记不清是哪一年了，那时候我很小，是西安市歌舞团的学员。他和邓文英老师去西安市歌舞团授课，我们搬出板凳，围成圆圈，观看他和邓老师两个多小时的表演。因为年纪小，所以也没有好与不好的记忆，只是这件事情印象很深，当时潘老师并不认识我，我也并不知道在我面前表演的人是谁，而是若干年后，才知道那个人是潘老师。

真正我们相识是在 1980 年招生考试的时候，我是西安市歌舞团的主要演员，潘老师是一个年轻教员，若干年后，潘老师反复跟我说那时候在考生里对我印象非常深刻，他觉得我充满了芭蕾的感觉，不像是从陕西过来的。另外一个原因也许就是我考试的时候特别有个性，考试的时候放音乐，我对这段音乐没感觉，就站着不跳。现在想想很不可思议，老师也觉得很诧异，第二个音乐，我听到后特别有感觉，就跳得特别投入，可能考官一下子看到了我的艺术天赋，其中还有一项是一个动作三种表情，可能我做得特别好。

对潘老师的印象就是讲解动作的时候，需要讲普通话。当时西安市歌舞团都说地方话，我用普通话说了两句，觉得自己太假，特别恶心特别虚伪，所以就又用地方话说。潘老师提醒我，请说普通话。因为我们生活中不讲普通话，所以又说到了地方话，在普通话和地方话转换的过程中，提醒我的都是潘老师。那个时候我的性格表现得特别强烈，忍受不了虚假的东西，后来潘老师跟我讲，他当时对我的印象特别深，就是招生考试，这是潘老师对我的印象。

张晶雪：您还记得当时考试的情况吗？

王玫：我一共表演了三个作品，分别是西班牙主题的作品、《养猪姑娘》、《蛇舞》，每个作品七分钟。因为不认识老师，所以反倒无所畏惧，表演结束，我说还有一个作品，老师允许我休息一下，别人先考试。第二个节目跳完，我说还有一个，然后我又跳，对于我这样的一个根本不懂民间舞的人来说，可以想象跳《养猪姑娘》，考官是多么难以忍受！对于团里演员，学什么跳什么是很自然的事，我怎么能知道跳的是我跳得很恶心的民间舞呢？何况这个是1980年舞蹈比赛的优秀剧目。讲解动作环节，开始讲解的是控制动作，老师让我讲解民间舞，我就开始讲解《养猪姑娘》，讲到一半就被许老师打断了："你别讲了，你还是讲解控制吧。"所以现在很难想象，当时考试放音乐我站在那里的情境，我很感谢那一届的考官，整体素质非常好，求贤若渴，非常开放，如果当时的情况放到现在，也许我就没有机会考试了。

张晶雪：那时候您也考中专吗？

王玫：不是，考大学，我是高度老师的同学，我们是北京舞蹈学院第一届大学生。

张晶雪：那时候通过考试，您跟潘老师是等于初次认识，只是彼此有印象，但是并没有跟潘老师接触？

王玫：正式认识是在进舞蹈学院之后，潘老师在学校非常有魅力，他对我的影响比其他老师大得多，原因是多方面的。其实我对民间舞是没有感情的，之所以现在对民间舞有感情是因为对于这些民间舞蹈的老师有感情，包括潘老师在我们遇到困难时第一时间拿起电话的一瞬间，这一点一滴是非常有力量的。就像许老师和贾美娜老师，还有许淑嫒老师教给我动作的发力点和附随点，让你明白教学的方法比组合重要，对我的启迪是非常大的。

贾美娜老师就是在我当时坚持不下去的时候，她跟我讲，你如果不相信自己你要相信我们，我们能把你招来，我们的眼睛是不会错的。你知道对于一个快要淹死的人来说这句话有多重要啊！其实就是这点点滴滴的东西，让我对民间舞有了非常深厚的感情。所以，他们对我的影响特别深，大学四年，一直非常痛苦，没有一个动作是对的，整个回忆都是黑白的，但是因为老师独特的魅力，让我觉得学习民间舞这件事情也很有魅力。

张晶雪：王老师，潘老师教过您吗？作为他的学生，您觉得他对您最大的影响在哪？

王玫：对我最重要的改变是1983年去采风，那年我大学三年级，我跟许老师提出来，我要跟潘老师去采风。

张晶雪：为什么呢？

王玫：因为他有魅力，这件事情我后来反思觉得是特别"二百五"的事情，潘老师也吓到了，直接跟潘老师的领导提出要跟潘老师去采风，意思就是我不喜欢你，我喜欢潘老师，所以现在回过头看，觉得那些老师好厉害，没有人会记恨我。

张晶雪：当时采风您是跟他第一次近距离接触，之前您只是听说潘老师，那么您怎么就决定要跟他去采风呢？

王玫：潘老师并没有教过我们，平时只有在全系开会以及男女班合练的时候才能看到潘老师，也就是远远地看着。1980年的时候，许老师才四十多岁，可当时我完全没有概念，因为在我印象中，许老师一直都是那么大，所以那时候潘老师也是很年轻的，因此我们之间没有隔阂，很亲切，有话谈。因为在陶然亭读大学时特别压抑，很少看到我跟老师说话，老师从这边走，我就往旁边躲，来学校之前，我是在团里当主要演员的，那种心里感觉优越得要死，结果到了舞蹈学校，落差非常大。

那时候一下课，我们班的学生都围着老师，询问自己的表现情况。我从来不问，因为觉得在角落里老师不会看到我的。我就心想："那帮同学真傻，老师又没看见你，你跑去问，老师怎么说呀。"所以我很少跟老师说话，四年就是这样过来的，所以当我看到潘老师，会感觉比较容易接近，这对于当时的我来说特别特别重要，我可以呼吸一下，不那么压抑。

这次跟潘老师去采风，对我产生了翻天覆地的影响。一个多月的采风，潘老师带了五个人，先坐七天火车到西宁，再做汽车到玉树，再从玉树到四川。这一路上，我就跟潘老师一直聊，聊各种各样的东西，具体内容记不清了，天南海北，看到什么聊什么，其实聊了什么不重要，重要的是有一个人在不断地跟你交流。当时我陷入了一场非常痛苦的恋爱，我是被动方，摆脱不了，我一辈子从来没有像那时候那样狼狈过。从跟潘老师的谈话中，我觉得他为我打开了一扇窗户，让我知道世界上其实有很多比恋爱更重要的事情。在玉树的时候，太阳落山早，落山时太阳别提多美了，晚上上厕所，星星就像在脸跟前一样，吓得我不敢出去，而且还知道，鲜花不是画出来的，而是草原自然生长的，所有的这一切都是以前没有见过的。包括有一次去三岔口，很晚才到，那个地方很脏，我们都不愿意脱衣服睡觉，因为太脏了，我当时就说："我觉得这地方的人太可怜了。"潘老师说了一句话让我印象非常深，他说"人家还觉得你太可怜了呢，人家觉得你们北京人才没有羊肉吃呢。"我是一个特别多思的孩子，潘老师的这番话，我一直记着，因为这话当中有一种思辨的力量，有一种换位的思考，什么叫好，什么叫不好？你不适应就是不好，所以当时潘老师在三岔口跟我讲的东西，一下子就把我从痛苦中拽了出来，我的状态变了，自从那次醒悟了之后，那一页就翻过去了，以至到现在，那一页的经历再也没有出现过。

张晶雪：能说说在您印象中，您和潘老师之间有什么让您印象特别深刻的事情吗？

王玫：从那次开始，我内心上感觉跟潘老师的感情非常深厚，但是慢慢地发现这是错觉，潘老师的魅力就在于每一个在他身边的人都会觉得他跟你最好，所以我当时觉得潘老师跟我最好，慢慢地我会冷静下来，不那么主观了。

印象最深的是我们刚毕业之后，潘老师已经不领导我了，但是在学校里，我还是把潘老师当作我的老师、亲近的人，有什么事还会去找他。我们留校以后，作为民间舞组的年轻教员，开会时所有老师围着我们，批评我们教课过程中的毛病，由于我的性格，当时不想教老组合，想要自己编新组合，反对的老师特别多，但是潘老师总是为我说话，也只有潘老师这样。

潘老师有一个非常让我感动的地方，直到现在我还经常跟编导系的领导说，如果遇到什么困难，比如说演出时候的道具、音乐问题求助于潘老师的时候，他的第一个动作一定是拿起电话帮你解决，任何事情、任何问题，永远是这样。别人也许会口头敷衍一下，"我们想一想，考虑考虑啊"这样的托词，但是潘老师不会，所以我当时的感觉特别强烈，他使劲把我们往前推，只要我们能提高，他就尽可能地帮助我们，做一切事情都愿意。所以我特别习惯民间舞系的感觉，老师在一起的时候我们特别快乐，嘻嘻哈哈，那时候只要跟老师在一起，就是玩的感觉，现在回忆起来都是阳光的味道，这些老师身上有一种人格的力量。

现在年轻老师包括我在内，像原来老师身上那种宝贵的东西不见了，也许是我只片面地吸收了那时候的一种色彩，因为从心里认定潘老师是最亲的人，所以课程结束之后就会询问潘老师的意见。忽然有一次，潘老师跟我说"你不要什么事情老是问我"，当时挺受刺激的，让我记忆犹新，想不明白一个对我那么好的潘老师，怎么就突然不让我依靠他了呢。但现在想起来其实老师这样做有他的道理，他发现了我特别依赖的一些东西，我要自己独立，不能老去依靠别人。这件事情多年过去了，感受不到坏和好，但是却留下很清晰的印象。

张晶雪： 那么毕业之后您就留校了，跟潘老师也等于是同事？

王玫： 对。当时老师在附中和大学的授课不像现在这样清楚，我那时候也教过附中也教过大学，但是当时我毕业之后教课，潘老师很支持我，我也在慢慢做作品。潘老师总是像亲戚一样地关心我，包括去年、前年，我遇到特别难受事情的时候，我会给潘老师打电话，对于我来说就是舞蹈的童年的记忆，太深刻了，一直都认为潘老师是跟自己最亲的人，其实我跟潘老师也有很多年没有深入地交往了。慢慢的我也很失落地发现，潘老师已经跟我没有感情了，这很正常，我现在作为一个有资历的老师，也总是会跟现在的学生沟通得比较多，感情比较深，而年头长的学生随着时间流逝和交流的减少就没有那么深厚的感情，这些我也可以理解。

张晶雪： 那么您觉得他是一个什么样的人呢？您觉得他身上最突出的品质是什么？

王玫： 潘老师经常说我不会做人，他是我做人的楷模。我经常会静静地观察他的一举一动，他对人说话很亲切，经常把对方的姓拿掉，比如他经常会喊我"玫子啊"，这个方法对我现在都有影响，我会主动叫学生，把他的姓拿掉，用爱称，这样做其实是在继续着潘老师给我的影响，他能这么做，让我觉得这是非常具体的影响。

我觉得潘老师在做人上，我甚至不愿意说他很会做人，在我和潘老师的接触中，我们俩只是自然地他比较喜欢我，我也比较喜欢他，但是潘老师跟我不同的是他会对所有人都表现得很友好。舞蹈学校有这样几位老师，什么时候给他发短信，他都会非常真诚地给你回，潘老师就是这样，这也是潘老师的过人之处，并没有因为当领导而得意忘形。明子（明文军）也是这样，什么时候给他打电话，都会回电话。院领导这个级别，能这样做很难得，我认为除了明子个人的人品以外，很可能也受到了潘老师的影响。今年教师节，潘老师过了好几天才给我回短信，他说："哎哟，我短信太多了，得一个个回。我要好好回你的短信，所以我要静下心来回。"教师节短信要回复一个星期，这就是潘老师过人的地方，实际上也能看出来他很真诚地对待每一个人。

张晶雪：您在跟他工作共事中您觉得它是一个什么样的人呢？

王玫：潘老师最大的优点就是工作方式。他特别有魅力，能带动起很多人，所以也是他到今天仍然被很多人喜欢的原因。潘老师在工作中最好的一点就是作为领导，他会以最快的速度协助我们工作，把我们往前推，使我们可以放心地工作，完全没有不安全感，因为我知道他是不会害我的。跟他在一起，像一家人一样，这种感觉是我在别的系所没有的，可能我是潘老师学生的原因，他会觉得我是自己人，或者也许他早就发现了我不想当官，没有当官的痕迹，我和潘老师之间是不存在竞争的东西，所以我和潘老师之间一直很愉快地工作。

张晶雪：潘老师可以说把所有精力都放在了民间舞的继承和发展上，身兼数职，不论是群众舞蹈还是职业化民间舞。对于他这样做，您是如何看待的？

王玫：关于学院派民间舞，要与原生态民间舞区分开来，原生态民间舞是一个群居的结果，一种生态的结果，有这样的生态就有这样的民间舞。北京舞蹈学院的民间舞也是一种生态，也应该有这样生态的民间舞，但是现在问题在于这个生态就是北舞的生态，代表不了那个生态，所以我们的问题是唯一性，这是第一个问题，就是说中央和地方的关系，还有一个关系在民间舞更严重，就是原生态和创作的关系。

原生态是一定不要动的，创作是必须要动的。但是现在民间舞的问题主要体现在潘老师的身上，就是不能提不能讲，原因就在于一些理论性的问题没有搞清楚，舞蹈不可能停滞不前，创作的本质是什么？是个人对民间舞的认识，因为创作的本身就是个人发生的，你不能代表这个民族，实际上还是对这个民族的看法，所以他和原生态是不同的。然后，反过来看什么叫原生态，原生态本身也是个人积累下来的，也是在进步。

贾作光老师六十年的晚会，内蒙把贾老师的东西放在了最传统的部分，实际上贾作光是汉族人，若干年前，他自己编了一个作品，现在成为内蒙的原生态，这个文化现象说明了什么呢？就是编创作品可以演化成为内蒙的民间舞。但是这件事情给我们的启迪是，贾作光能编，为什么我们不能编？什么叫内蒙的民间舞？斯琴老师说内蒙本来没有什么民间舞，那为什么前人创造的我不能创造？所以说现在对于原生态舞蹈的做法是不能动，动就不是原生态了，现在民间舞的问题在于两个十字没有弄清楚。

一个是当地和中央、北京的关系没有搞清楚，一个是非创作与创作的关系没有搞清楚，所以实际上，创作的事情和非创作的事情在全世界都存在，但是这种争论为什么只有我们国土上有，我们为什么要争论这个事情，而全世界的舞蹈在这个问题上为什么没有争论呢？

西方的舞蹈分得很清楚，保守就是保守，创作就是创作。在现代舞蹈史上有一个现象值得探索，现代舞蹈史就是一个个人史，把所有的舞蹈分成玛莎格莱姆、莫斯康宁汉等个人的部分，为什么呢？创作的东西就不见得是那一个，而就是个人的。但是一百年后，玛莎格莱姆再次成为早期的现代舞，她又被共性所吸纳了，从别人文化的进化里，我们能看到自己是怎么进化的，其实我今天跟台湾的老师讲，学院派的民间舞没有错，错的是他成为唯一的一个，它就要和当地的民间舞一样，这是错的。当地的民间舞就是当地的，学院派的民间舞就是学院派的，各有各的存在，存在就是合理，已经存在的说明有其合理性，但是你不能替代它，它也不能替代你，就是多种生态多种形式。

反过来，创作和原生态也是这样，创作要像原生态一样的话，那么我们的民族就会越来越衰落，一定是越来越衰落的，这些真正学术的东西不搞清楚是不可以的。我有一次跟潘老师讲："潘老师，以后我们不讲影响团结的话题。"尽管我跟潘老师关系那么好，但是我觉得最深刻的话题不能和他谈，一牵扯到创作的时候，我们学校资历老的老师都有一个欠缺，就是他们一直在从事表演和教学，实际上学校最大的问题在于艺术活动最核心的部分，就是创作部分，整个教学百分之八十的重量没有放在创作上，并且特别欠缺对艺术创作规律的研究，所以有好多基本问题模糊不清楚，这是我觉得比较遗憾的地方。

我是很喜欢潘老师的，我很敬爱潘老师，我的理想，就是许淑媖老师给我的经验，就是老了一样可以有尊严，什么事该做，什么事不该做，很重要，从我的老师身上一直都有可学习的地方，我也一直在学习，要好好检讨自己，能做什么，不能做什么，要找一个有尊严的活法，不能让别人烦你。我对我的要求就是只要我的学生不邀请我，我绝对不进他们的教室，这也是许老师给我的教育，哪怕你看到了他的问题，但是他不希望你指出来的时候，就应该回避。因为学校太复杂了，所有人都能是你的老师，所有人都能是你的学生，所以当你需要活的时候，你要特别注意要给别人活的空间，这些都是我从我的老师身上得来的经验。

采访时间：2012 年 10 月 11 日
采访地点：北京舞蹈学院新楼 6C 教室
采访者：张晶雪（北京舞蹈学院 2010 级研究生）

永不退休的"老主任"

——郭磊教授访谈

【人物介绍】郭磊，北京舞蹈学院副院长，教授、硕士生导师；国家文化部记功奖励获得者；教育部高等教学指导委员会音乐、舞蹈类专业教学指导分委员会委员；文化部舞蹈专业高级职称评审委员会委员；荣获中国舞蹈艺术"突出贡献舞蹈家"称号。

【访谈简介】郭磊副院长原为北京舞蹈学院中国民族民间舞系建系第一批本科生毕业生，与潘志涛教授相识25年。在相识的二十多年间，从师生到同事再到朋友，彼此间结下深厚的情谊。他对潘志涛教授的学术思想、教学理念以及潘教授的性格特质等方面尤为明晰。在他的只言片语间，我们可以更加立体地了解到这位集表演、教学、创作、行政管理能力于一身的北京舞蹈学院副院长，在早年间受到潘志涛教授哪些方面的启发，对其职业艺术生涯发展又有着怎样的推动。

张天阳：郭老师您好！很高兴您在百忙之中接受我的访问。作为北京舞蹈学院民间舞系第一届本科生，您还记得当时与潘老师第一次接触时的情景吗？当时您对潘老师第一印象是什么样的？

郭磊：潘老师给我的第一印象是特别的热情。在我考学的时候，潘老师在考场上那种热情的态度、亲和力，都给我留下深刻的印象。我们考到学校之后，要分成两个班，这么"一二一二"站队分班之后，他就是我所在班级的主课老师。在我当学生的时候，有一件事我记得非常清楚，当时我是第一次来到北京，对这座城市的了解不是很多，潘老师他会利用节假日带着我们全班到颐和园、圆明园游览，看似是普通的春游或秋游，但实际上，他是通过这样的一个形式来教育我们，让我们了解北京。

潘老师对我们每一个学生都非常了解和关爱。细到怎样的程度，我们放假回家的时候，他会给我们班每一位学生写一封信，并且要求我们每一个人给他回一封信。至今为止，他给我写的信我还保留着，他对我们在学习上的肯定以及不足，都会在信中一一列举出来，特别是我们这些已经工作了很多年之后再来上大学的老大学生，那是非常非常感动的，这是他给我的第一个印象。

张天阳：原来是这样的一个印象。据我了解您一毕业就留校当老师，那么您与潘老师的关系，从师生又变成同事，作为当时的年轻教员，您认为潘老师身上哪些方面最可贵，最值得年轻教员学习？对于您后来从事民间舞教学工作又有怎样的启发？

郭磊：这个要说的可能话长了。潘老师是我在大学期间的第一任老师，他作为我的师长，无论是专业、学识还是做人、生活，都给我带来了极大的影响。首先，他在课堂上所特有的那种热情对我的影响尤为深远。其次，他对学生的那种关心、关爱，如同朋友之间的那种感情的交流，也给我留下了非常深刻的印象。再次，他做事情的专注度、热情洋溢的精神状态，都是我们要去学习的。无论我们是师生关系，还是后来的同事关系，我都能够从他身上感受到他所散发出来的那种魅力，时刻都在影响我们，使得我们在他当年在任期间，无论是教学、工作、生活，都在一个非常愉悦、和谐的氛围当中进行。直到现在，对我们的工作和教学生活都带来积极的影响。

潘老师总能以一种积极的、肯定的方式，来营造一个非常好的、和谐的工作氛围。其实这一点不光是我，包括我们后面的学生，都会有这样的一种体会，你看潘老师很少去批评谁，当你邀请他看一个节目，当你邀请他到课堂中进行教学指导的时候，特别对年轻教员，首先是肯定，在肯定的同时，非常委婉地告诉你哪些方面该怎样去改进，而不是简单地说你这里错了那里对了，这一点让我感触颇深，同样值得我们去学习。

我的很多作品都是在他的悉心指导下获得成功。我记得有一年是第八届"桃李杯"，我们有一位非常好的、一看就是金奖坯子的选手没有作品，离参赛还有一个月的时候潘老师找到我，说："郭磊，你必须得给这个女选手创作一个节目，孩子条件都非常好，时间这么紧，只有你能够帮助她。"其实有很多导演都可以做，当然，这是出于他对我的信任，但他确实觉得这个孩子是一块儿料，如果这位选手没有一个合适的剧目尤为可惜。那么在这样一个情况下，我们真的是全力以赴的，从选材到排练再到最后参赛，我们仅在一个月的时间内完成。在排练期间，由于他的细心指导，不厌其烦地提出修改意见，才能够使得我们获得成功。所以，潘老师这种用人不疑的态度，以及对人才的大力推出都是让我记忆犹新的。

张天阳：看来潘老师对青年教师的培养与帮助十分细致与周到。那您怎么看待潘老师对于中国民族民间舞系学科发展所产生的一系列影响呢？

郭磊：潘老师在1987年建立民间舞系之后，对这个学科的建设献出了全部心血。我们是第一届民间舞系建系的大学生，在1987年建系之后，这个学科怎样去建设、怎样去发展，教材的建设、人才的建设、作品的建设等方面，都需要潘老师去做一些全新的思考与尝试。

让我印象深刻的有这样两件事。一个是他把本科的教材做了一个全新的归纳和整理，这是由我们班来完成的，当时学校条件还非常的艰苦，在陶然亭那个小的剧场进行的。到现在为止，民间舞系本科教材，或者说基本的教材，还是以当时这一套教材为蓝本衍生出来的。

另一件事是潘老师关于新作、新人推出的思考，有两台晚会给我留下深刻的印象。一个是《乡舞乡情》，《乡舞乡情》就是在没有任何可借鉴的情况下，我们创作了一台多民族、多风格、综合性的舞蹈晚会。凭借这一台晚会，我们参加了1990年的香港艺术节，取得了巨大的成功，获得了非常好的反响。这也是在他担任系主任期间做的事情。那第二台就是我们的毕业晚会《献给俺爹娘》，导演是张继刚，这台晚会的影响一直延续到现在。通过这台晚会，无论导演也好，还是我们这帮同学，乃至对民间舞发展都产生了一个积极的影响，我们很多的老师、同学都跳过这台晚会中的一些经典节目。至今为止，这台晚会中一些优秀的作品，依然作为我们学校的保留节目。

张天阳：据我了解在您考学的时候，您跳了一个江西赣南采茶舞的组合，潘老师对这个组合印象非常深刻。江西赣南采茶舞在1994年作为实验教材进入课堂，后来逐渐形成系统的教材。那么潘老师对于江西赣南采茶舞进入北京舞蹈学院民间舞男班教材有着怎样的意见和建议呢？

郭磊：应该这么说，在1994年的时候，当时为了补充大学表演专业的民间舞教材，在潘老师的提议下，把江西赣南采茶民间舞引入我们课堂。其实这门课带到大学之后是需要建设的，那么我们为什么选择它，就是看中了它对现有教材的补充。江西赣南采茶的民族民间舞，诙谐、幽默，它的三大技巧"扇花"、"单水袖"，以及"矮子步"，风格浓郁，特色鲜明，和我们舞蹈学院现有的汉、藏、蒙、维、朝的教材有一个鲜明的对比。那么把这个教材引进来，对我们男性舞教材，从诙谐、幽默以及身体协调配合等一些方面都有一个非常积极的作用。

关于这一点，潘老师非常敏锐地看到了这些优势，随后与我一起，把江西赣南采茶的艺人请到了学校，共同建立教材。这套教材发展至今，逐步成熟与完善，成为我们学校较为重要的一门课程。潘老师作为这套教材的"伯乐"，有着慧眼识金般的洞察力。也让我有机会，能够把我家乡的民间舞蹈带到北京，带到舞蹈学院。

张天阳："桃李杯"由潘老师发起，时至今日，已经成为舞蹈届中首屈一指的重要赛事，您所创作的很多节目也屡获大奖，那么作为"桃李杯"成长的见证者之一，对于您个人而言，有着怎样的帮助或影响？

郭磊："桃李杯"确确实实是我们舞蹈界，或者说是我们舞蹈艺术院校的一大盛事。它对人才的推出、作品的推出以及教师的培养都带来了积极的影响。今年是"桃李杯"的第十届，在这十届当中，通过桃李杯这个平台走出了一大批舞蹈优秀人才，有些至今还活跃在舞台上。对我个人而言，确实通过"桃李杯"，收获非常之大。

自打从学校毕业之后，从第三届"桃李杯"开始，几乎每次比赛我都参与，都有我的作品，有些作品也获了奖。而且通过我的作品，有些选手也拿到了比较优异的成绩。那么无论是对我个人的教学成长、业务能力的提高以及作为一名民间舞老师自身的综合提升，都是非常有意义的。确实通过这样的一个平台，不但锻炼我自身，这个平台也引领了中国舞蹈教育的方方面面，其意义是非凡的。所以桃李杯这件事，我们应该很好地总结，更应该更好地把它做下去。

张天阳：据我了解，您曾经担任过"厦门班"的班主任，那对于这个班级，潘老师又有着怎样的期待？

郭磊：这个也是很有故事的。这是我毕业之后带的第一个班，它是北京舞蹈学院为厦门培养中国民间舞演员的一个中专班，由北京舞蹈学院代培，由我们大学民间舞系负责试教。我接手这个班级的时候他们还有两年毕业，当时潘老师决定，让我和黄奕华老师共同承担这个班级，我当时真是两眼一抹黑，因为这个班级到底要培养出什么样的人，它要以怎样的形式来呈现教学成果，我是不清楚的。但在他悉心的指导下，我们顺利完成了两年的教学任务。当然在我和黄奕华老师之前，还有其他老师带过这个班级，与他们的努力也是分不开的。

"厦门班"最后毕业呈现的晚会名叫《小白露之夜》，我们把孩子们所学到的这些"本事"，无论是跳舞、唱歌、演奏乐器等，都集于一身，创作了一台民间舞晚会，其目的就是尝试对我们民间舞人才培养模式做一个全新的探索。这个班在1993年毕业之际，在社会上引起巨大的反响，无论是人才培养模式、演出呈现的质量以及在教学上的探索都给予了充分的肯定。

在厦门方面，更是对这个班级尤为重视。这个班回到厦门之后，组建了"小白鹭"民间舞蹈团。1993年毕业至今将近二十年，这个团一直在延续，它一直在延续着北京舞蹈学院教学模式，一直在延续着北京舞蹈学院对民间舞人才培养、剧目创作以及舞蹈文化传承理念。这件事当时在潘老师的领导下，能够一直做到现在，是非常了不起的。

"厦门班"现在发展情况非常之好，他们现在除了舞蹈团以外，走团、校结合的模式。这边有一个演出团，那边有一所舞蹈专业学校按照"厦门班"的培养模式培养演员，已经进入了一个培养民间舞表演人才的良性机制。因此，目前这个团无论是在国内还是在国外，都产生了很大的影响，经常代表国家进行出访演出。

张天阳：原来这个班级获得了这么大的成就。潘老师是少数几个活跃在媒体中的舞蹈人，而且社会活动非常多，包括一些业余舞蹈普及工作，您怎么看待这位退休后的老主任？

郭磊：在我看来他就一直没退休。在我们心目当中，他一直是一位非常勤奋的老师，德高望重，用他自己的话说，一辈子就干了舞蹈这么一件事，要孜孜不倦地做下去。让我感到欣慰的是，我们舞蹈界能够有这样一位老先生，他一直都在为舞蹈事业的发展、为舞蹈事业的普及、为舞蹈能够让人们接受和了解并且给社会带来积极影响，甚至能影响我们生活当中而感到自豪和欣慰。

其实潘老师给我的印象，如果用几个关键词的话，或者他给我印象最深刻的，首先是他非常的激情。他做所有的事情，无论是在教学、在位或不在位，社会上的工作也好、学校的工作也好，他对工作都充满着一种激情和热情。其次，他非常睿智。他非常敏锐地知道，舞蹈教育只在我们学校、只在舞蹈圈内做是不够的，它必须走向社会，必须让大众去了解，必须通过人们的了解而对舞蹈产生兴趣，才能够让我们舞蹈事业繁荣发展。所以我觉得，无论是他在位的时候处理学校民间舞的教学工作，还是退休之后作为一位专家对社会产生的影响，都有非常积极的意义在里面。再次，我觉得他非常现代，这位老先生看似退休了，但是他对新鲜的事物仍然抱有浓厚的兴趣。你看他手里玩的相机、iphone 手机、ipad 等，都是时下最前沿的，他会利用一些现代的手段，现代的一些技术，特别是一些现代意识，来贯穿到他整个社会活动当中去，这一点也是让我感受最深的。

张天阳：看来潘老师真是一位与时俱进的老人。您与潘老师有着多重的关系，师生、同事，现在您又是他的领导，而且你们又是邻居，那除了在工作上，在生活中您与潘老师有没有一些让您记忆深刻、有意思的事情与我们分享一下？

郭磊：这些事情就多了。我们除了工作上，可能我现在这个位置，让我们增加了上下级关系，但在我心目中，无论在生活当中，还是在工作当中，他仍然是我的师长。我可以举个例子，潘老师在生活当中，对每一位同学、老师、朋友都充满着一种关爱。我刚毕业的时候，当时学校的条件非常艰苦，他义不容辞地主动把他办公室让给我住。当时学校没有条件，相当一段时间是我在里屋住着，他在外屋办公。看似一件很小的事情，但能够体会到他对青年教师的那种关爱。

同样在平时的待人接物当中，他传递的那种信息，给人的那种亲和力与感染力，都是我们学习的榜样。他会时不时要我们到他家去坐一坐吃个饭、喝个酒，看似是一些很家常的事儿，但是这里面透出一种老教师对年轻教师的关爱，透出一种人与人之间的友谊与感情，所以我对潘老师的感情是很深厚的。其实我们在工作之外，在生活当中的交往和生活当中的这种友情更深厚一些。那在工作上，尤其是在与民间舞相关的教育、教学工作中，他都是我们的导师，我的感受和收获颇丰。他的那种热情，那种激情，时时刻刻在影响和感染着我们。可以这么说，我与潘老师相处的这几十年，他的一些工作方式、生活态度，不仅对于我来说，甚至对我女儿都有非常大的影响。所以我们之间的友谊，除了同事、朋友、师长，还像家人一样。

张天阳：潘老师总是能给人温暖的感觉。您能简单地给我们形容一下您眼中的潘老师是怎样的一个人？

郭磊：我一直在想，可能有这么几个词可以概括他，一个是激情，刚才我已经说了，第二个是睿智，第三个是现代，第四个是人文。潘老师对于我的方方面面影响还是很深的。我还可以举个例子，比如说 1995 年，中央国家机关第一批援藏干部，当时我们舞蹈学院有一个名额，我就被选上了。

十几二十年以前的西藏，条件是非常非常的艰苦。铁路、公路、飞机、信息等一些方面不像现在这么发达，所以西藏到底怎么样，我不太清楚。但是，因为潘老师的一句话，我就义不容辞地同意了。他说："你搞民间舞，西藏值得一去，作为从事民间舞教育的一位老师，应该到这个地方去生活体验，才能够感受到那个地方的文化。"在他这一句话的影响下，我就毅然决然地去了。

确确实实我觉得这个决定是非常正确的。在西藏工作三年之后，回到学校，我对民间舞的认识、对藏族文化的认识以及我对民间舞的教学和创作，都有着深刻的变化，包括我后来创作的很多民间舞作品跟西藏都有关系。我想，这一点跟潘老师的这种认识也好、眼光也好是分不开的。这么多年来，潘老师一直通过各种方式为民间舞发展勤勤恳恳的工作。因此，他这样一位老专家、老教授、老前辈是值得我们敬重的。

张天阳：您对潘老师有着这么深厚的感情。最后请您表达一下对潘老师由衷的祝福吧！

郭磊：祝潘老师永远年轻，永远保持这种活力，我们就愿意跟他在一起，就愿意感受他的那种活力。每每他来到我们身边，都会让我们感受到工作、生活的愉悦，以及一种积极向上的精神状态。所以希望他永远保留住这份状态，也同样祝他健康、长寿！

访谈时间：2012 年 10 月 25 日星期三 9：00—9：45
访谈地点：北京舞蹈学院数字中心录音棚
访谈人：张天阳（北京舞蹈学院 2012 级研究生）

中国民间舞蹈教育的擎天柱

——罗斌研究员访谈

【人物介绍】罗斌，博士后，中国舞蹈家协会分党组副书记、秘书长，原中国艺术研究院舞蹈研究所所长，研究员，博士生导师。曾发表《假面阴阳——安徽贵池傩舞的田野考察与研究》、《戴爱莲：我的艺术与生活》（合著）等。主持国家重点科研项目"中国傩舞文化研究"、"民间舞蹈文化遗产保护理论问题研究"。中央电视台《舞蹈世界》栏目总撰稿，"CCTV电视舞蹈大赛"、"桃李杯"舞蹈比赛、中国文联中国舞蹈"荷花奖"比赛评委。

【访谈简介】 罗斌老师是潘志涛教授重要的工作伙伴之一，两人聚缘于《中国民间舞教材与教法》的编写，续缘于 CCTV 电视舞蹈大赛的筹划……潘教授所出席的每场重要电视节目几乎都是和罗斌老师有着重要的直接合作关系，罗斌老师通过多年与潘志涛教授的共事经历与合作心得，为我们呈现出一位在幕后形象更为鲜活的潘志涛教授，所以通过这篇访谈我们能够更加近距离地了解到，台前幕后潘志涛教授更为真实的工作态度和乐观的生活状态。

吴绚婷： 罗斌老师，您好！很高兴您能够从百忙之中抽出宝贵的时间接受我的访问，据了解，您与潘志涛教授在全国各大舞蹈比赛和电视台的节目中都有过多次的合作，那么今天希望您能够跟我们分享您眼中的潘志涛教授。能谈一谈您与潘志涛教授合作《中国民间舞教材与教法》这本书的过程吗？

罗斌： 是的，我记不得是哪一年了，当时我还在舞研所读硕士，当时的北京舞蹈学院中国民族民间舞系的代系主任明文军，说系里要组织以潘老师为主编的民间舞教材的重新编写，开始我并不知道是要写《序》，只是说要给这本书写一个东西，帮民间舞系做民间舞教学理论上的一个梳理，那时就跟系里的潘志涛老师、明文军老师、高度老师、赵铁春老师、韩萍老师、于晓雪老师等大家在一起讨论中国民族民间舞的教材。

当时，我们就在民间舞系的会议室，那时里面有一张大长桌，不知现在还有没有了，可能都变了，我们一共交谈了五天。这本教材可能和许淑英老师那个年代总结的教材还不一样，它是在其基础上有所发展的，结合了以潘老师为核心的新一代民间舞教师的教学心得，这是自 1987 年建系以来，第一次系统地梳理了民间舞系教学的主张，我们谈了很多东西，其实那是我硕士刚毕业不久，而且我的硕士论文并不是写的民间舞，我写的是古典舞方向的研究。在我自己的研究心得中，我得出民间舞在学院里面的教育和古典舞有共同之处，它们都是从原生教育出发，然后需求一种学院的认识或者学院的表述，这种表述的好处就是一方面建立学院自己的系统，不管是古典舞的还是民间舞的；另一方面就是实现规范化教学，这在教学理念上可以达到举一反三的效果，但是至于是否所有的艺术教育都需要这种科学化的教学模式、教学目标那是可以再讨论的。

按理说，学校教育是"既成性"的，不是"继承"，是"既定"与"成功"，学校的教育应该是在学科内以及整个业内认定的，以规定性、权威性来实现学校的教育。而很多不确定的或者是正在探讨的可能在真正的教育里面就显得有所不可取，所以学校教育是需要一定的提炼、浓缩的。以往我们一提到民间的艺术，就想到让它自生自灭、自然传衍的态度，但是在进入到课堂以后，我们首先想到的就是要规范化、科学化的教育思路，从许淑英老师提出到后来潘老师、明院长他们建系，这些促成了民间舞教学和教学理念上的走向，这才是基础教学所追寻的，可能是田野探索的基础上第一次作为大学民间舞系教材整体的梳理，应该说它有它的历史意义。在那样一个历史阶段，它的建构，它的表述都代表了一个时期的声音，也是中国民间舞自建系以来第一次正式地发出声音。以集体的行为，集体的意识表达一种理念、看法和认识系统，这本教材还代表了一定量的积攒。当时除了讨论教材编写的原则和方针之外，还代表了那个时期的中国民族民间舞蹈的立场与价值实现，需要大家用自己的经验、理念来共同补充，充实这本教材，实现这个系的学术历程。

当时我主要是以一个倾听者的态度参加那次研讨会，由于当时刚毕业，资历较浅，对业内的许多事情还无法完全了解，所以需要通过倾听各种不同的声音来供自己了解。五天下来，可以说我是很有收获的，潘老师给我印象最深的是潘老师提出的建立民间舞"这一个"的表述。对于"这一个"的理解，从当时到现在我都是这么理解的，这是民间舞的"这一个"，它可以不同于以往，也可以不同于其他，它可以不同于历史的记载，它也可以不同于其他人的看法，这就是我们所认定的关于北京舞蹈学院中国民族民间舞"这一个"的取向。

这个取向可能是基于"当下"的立场，当然这个"当下"不一定局限于民间，比如说中国的"当下"也许带有当代人的表述，是具有当代性。北京舞蹈学院有将近六十年的历史，形成了我们自己在教学上的理论，后来提炼为"元素化"的教学，这两个基本的立场其实在古典舞和民间舞之间有相似之处，都是从民间的、原始的舞蹈状态中提炼出精华部分，组成了今天北京舞蹈学院的教学架构。潘老师的任何表述，我感悟到更多的不是继承，而是发展。

尤其是在设计上，"非遗"尚且不论，潘老师更多考虑的是如何站在传统的基础上，创造今天的成就。贾作光老师经常说的一句话就是，"继承传统，发展传统，创造新传统！"其实我们很多的时候，真正工作的时候，所谓发展就是在创造新的传统。当时间累积到一定的时候，创造的东西就是在发展。那么，民间舞系不能说它没有传承的地方，但是它更多的是从民间舞蹈中提取一些养料，然后结合今天的认识，形成或者说化合成、融合成一种新式的品种，这个品种可能就是"学院民间舞"。

这就是我所理解的民间舞系的"这一个"。我认为民间舞的这种做法没有什么错误，可是在学术界可能有不同的声音，有些人会站出来说"这样不对"，"那样不好"或者说"这是伪古典舞"、"那是伪民间舞"等等，这些说法也都没有错误，但是他们学术研究和对一般的现象认识不同的在于各个研究者是基于他们自己的学术背景及立场，我认为其实没有真正意义上绝对的对与错，只是基于你站在哪一种立场上思考。比如，北京舞蹈学院民间舞系几代人都是基于这种立场去思考去做事情，那么，就按照这样的思路继续做下去，只要把自己做的和认为正确的事情说清楚就可以。如果以潘老师"发展"的观点来谈非遗，那就不行；如果是谈剧目的创作，课堂的教学，学科的建设那就理所应当，因为它们本身的功能作用就是要发展的。

当时通过开会讨论，我发现自己对民间舞的认识与民间舞系不一样，因为北京舞蹈学院民间舞系是和民间舞教学与舞台创作紧密联系的实践性很强的相关理念相结合，而我当时只是纯理论方面的研究，通过与系里教师们一周时间的谈话后，我个人就已经对民间舞蹈形成了一些看法和认识，而我的看法基本就体现在了《中国民族民间舞教材与教法》那本书的《综述》里面。那篇《综述》可以说是把我当时所领悟到的最直觉的东西表述出来，里面既有民间舞系教师们的理念体现，更有我个人关于中国舞蹈文化史和中国舞蹈理论文化认识方面的观点，等于就是把我当时吸取的一些建设很好的结合在一起，最后形成了你们如今所看到的《综述》。

这篇文章被潘老师所看重，一直都将它说成是民间舞系的精神依据。我觉得潘老师有点高抬我了，我当时只是把我最直觉的认识，从理论出发灌输于文章当中，其中的"点"都是潘老师和其他教师提供给我的，至于如何表述来体现那些"点"可能有我的一些发挥，很客气地说潘老师不该给我那么高的评价、夸奖。如果我能为民间舞系的建设提供自己的力量，我是很高兴的。通过这篇《综述》的写作过程，我发现潘老师对于学术理论的介入他不排斥，他为人很开阔，他是站在全中国、全民族所有舞种的研究上面，潘老师的做法是非常有意义的。

吴绚婷：潘教授的学术理论，对于您在中国民族民间舞方面的学术研究，有过启发吗？是什么启发？

罗斌：潘老师谈的"这一个"也好，他的其他理念也好，对我都很有帮助。其实我对于民间舞的认识一开始是从吕艺生院长提出"两类、三层"的理念中获得的。潘老师给我的启发是民间舞这么多年来作为一个本科民间舞系的建设，系里自己的教学方式，教材建设等，这些舞蹈学的高等教育建设要有一个规范性，平常我们讲的定量、定性的关系，所谓的定量和定性这两者之间在教学上要有一个具体地落实，如果没有落实，教学本身的功能就实现不了，这些都是以潘老师为首的民间舞系这些教育家们告诉我的大学建设，并且它朝着规范化的道路前进。

但是我觉得有一点点的不满足，就是我认为民间舞的多样性造成它所谓规范的标准设定，需要有一个很长时间的探索和需要有不同层级的学术研讨才可形成规范的基本架构。我在帮戴爱莲先生做她的自传时，她就经常说："民间舞的规范，所谓民间舞的教学规范是不应该有统一模式的。"北京舞蹈学院五十五周年戴先生对民间舞系和古典舞系各讲了两句话，特别有名这两句话，对民间舞系讲的是"民间舞不要讲什么规范"，仔细想她说的这句话，与我的博士生导师资华筠先生讲的不谋而合。资老师讲，"中国民间舞是多维性的，临界面和交叉性非常复杂"。那么面对一个大舞种类别这样一个研究对象时，你需要很多细化的，不同层面的研究成果来论述，才有可能最终形成对它的认识。这方面可以说整个北京舞蹈学院投入的力度还不够。

我的这些认识一方面受到了潘老师的启发，另一方面呢，我也看到了整个舞蹈教育领域之间存在的问题。真正要实现高等教育必须发掘文化事项背后的东西，如果仅限于对它表象上的一些认识或者是在操作层面做一些建设的话，那是构不成一个学科深层的理解和深层建构的。我们要层层剥笋式的，将它剥开以后，将它分解、归纳、总结最后在分解的基础上形成新的建构，可以说北京舞蹈学院现在是任重而道远。

从民间舞角度具体说就是，民间舞的概论、民间舞的舞蹈史学建设等，以这个舞种作为立场，作为出发点的基本没有，系里每天重复的就是一些原有的教学，为什么这么教学？教学背后所包含的所有文化、支点，它的意义，它的内涵和外延；它的纵向的，历时态的，它在历史长河里的不同状态；以及它横向的，和其他门类的比较，和自身的文化规律相关联的一些角度、门类，甚至每一个点都可以挖出一个学科，就类似像人类学、生态学这样的学科。

在学科分类上艺术学现在升为门类了，音乐舞蹈学现在是一级学科了，这意味着民间舞可以有自己的博士生了，到这个层级的时候，一定要考虑我们要拿什么东西来带自己的学生，给学生讲什么，如果只是一味地让学生到课堂里去进行一些肢体训练，那么其他的综合类大学就会来问你，为什么要进行这样的操作，你有什么思维建构你的肢体操作？那么我们现在几乎等于零。我现在觉得自己的一点点建设还没到"一"，对于民间舞的那篇《综述》只是在"零"与"一"之间，那么大一个学科，如何来建设是一个永恒的话题，这些都是潘老师给予我的启发，那就是问题意识产生了更多的启发。

吴绚婷：罗老师，据我了解，您还参加过潘志涛教授的研究生论文答辩，您作为答辩委之一是怎么看待这些研究生的选题、论文的完成、所提出的学术理念、对中国民族民间舞蹈的教学以及答辩现场的表现的？

罗斌：总体来说，基本上这些学生的选题还是介于贴切于实践本身，相对来说比较具体、较微观一些，真正去思考终极的横向的、宏观的学科架构一些问题的比较少，不知是什么原因，也许跟学校的教学氛围，以及学校的教学习惯息息相关，因为它比较具体。当然呢，潘老师的研究生也有涉及不少原生态民间舞的研究，也开始有相当一些学生涉及文化人类学的研究，这点是非常好的。我是特别希望能够真正恢复到舞种的多维性的研究上，包括整个民间舞的研究和民间舞的教学研究。如何能够让生态化的民间舞在学院有一个合理的架构和有意的形成也是一个课题。既然知道并且考察到这样一个对象，这些真正在我们学院传承中，虽然不是主体但是它毕竟附在一定的成分，怎么让这种研究在学院形成一种教学、思维模式，是迫切的。这样的教学，必须得在不同层面要有一定的系统措施，将认识层面的与操作层面的相结合并且得到落实，整个学术理论如果落实不位的话，一切就等于落空。作为导师是可以通过自己的学生，将自己想法、理念在学生的不同层面的研究中得到落实和体现的，导师可以将具体的点铺设下去，让它在一个很网络的状态下发展，自然而然就会形成量的集聚，没有一定量的积累就没法发生质的变化，所以在潘老师的一些研究生的建设理念中，我可以感受到潘老师这样的思路，但是我是希望力度能够再加大，面铺得再广，应该使这个成果更深更广。

吴绚婷：众所周知，罗老师您是CCTV电视舞蹈大赛、《舞蹈世界》以及全国各大舞蹈比赛，例如：中央电视台举办的"秧歌节"，"多彩贵州——荷花杯"等比赛的撰稿人或者节目策划，可以说只要有潘志涛教授出镜的节目，其文稿都是由您执笔的，那么您和潘教授是如何合作的呢？在合作的过程中，潘教授给您留下了怎样的印象？

罗斌：您提到的这些确实是这样的，从工作的角度确实是这样的关系，做了很多的事情，但是潘老师是业内泰斗级的人物，他不需要太多的交代，只要我把节目中要求的最核心的几个点跟潘老师一透露，他会将这些点升发、阐发得非常到位，甚至是非常华彩，这是潘老师的一种能力，是他最大的一种特长，也是他最为本质性的一种功能。潘老师他的这个人物功能，是谁也无法阻挡的，他号称是"中国舞蹈界的第一名嘴"嘛，他的这个"名嘴"不光是能说，他又是学术上的带头人，他可以把他学术上的思想融入他具体的操作上面，我们之间的合作可以说是相得益彰的，因为有潘老师天才的表述能力，再加上我们思考里的一些角度的介入，往往会让节目本身增添许多的光彩，以及让节目带有很多的学术含量，这是潘老师带给我很大的一种学术享受和操作层面的愉悦感。

我们在合作时，潘老师他绝对的顺畅，可以用四两拨千斤，化骨柔情……来形容，我们沟通起来从没有障碍，我只是把我每次做节目的一些点跟潘老师简单一沟通，他都能够很丰满的将其完成。因为潘老师的学养，因为潘老师的才华，因为潘老师的智慧，这些东西都是不需要我拿着文稿跟他重复阐述的，我们是天作之合；清水出芙蓉，天然去雕饰的这种审美境遇。这些永远可以在潘老师身上找到。

我能给潘老师启发的就是最细微的几个点，把握整体走向的几个点，我们交流就几句话，我给他写一个基础的稿子，他只要看一眼就能将它发挥得很完美。在舞蹈界除了冯老师和他没第二个人，能够做到既有我们的学术立场又有大众的传播性，这个能力是天然的，也没有人教过潘老师播音主持这些，他完全是凭他自己的悟性，自然而然地就形成了潘老师点评的风格。我本身习惯于言简意赅、提纲挈领的做法，落实到文稿上也一样，从不长篇大论。潘老师能够心领神会、画龙点睛，他绝对不会让你觉得没发挥好，就没这时候。只要是我写的文稿，潘老师只能让节目提升档次，以及用他特殊的表述使节目上到一个新的境界。我们每次参加 CCTV 电视舞蹈大赛时，所有环节的台词都是我来写，包括几个主持人，像朱军、董卿等等，还有潘老师的都是由我来写，但是朱军就没有一次是不错的，每天晚上都有与我所写的文稿有出入的地方，可是潘老师就从没错过。

我希望潘老师别太累了，分点精神给自己的学术建设，因为他负载了这样一个历史责任，他还不只是一个好老头，他也不只是一个可以完全逍遥的身份，他的性格是那样的，但是他负载了这样一个重大的责任。所以呢，我希望潘老师给更多时间在自己的学术建设上，在历史过程中的这样一些成果，非常期待潘老师将中国民间舞带向他曾经期望的那种境地，他曾说过"我们现在做的就是中国古典舞的精神"，他认为古典舞就应该来源于历史和当今不同理论的典范化，我是希望潘老师能够加快步伐，缩短建设的进程。

吴绚婷：罗老师，刚才您讲到了：潘志涛教授在中国舞蹈界是独一无二、无法替代的，其实这一点在业内许多人士也与您有同感。那么，您觉得无法替代潘教授的是他的什么呢？

罗斌：他的聪明、睿智，他的开创性，他的先驱性，他乐观向上的为人，他与人为善的胸襟，他开放的视野，他对舞蹈全身心的投入，他所有与舞蹈事业相关的参与，无论是大众传播，还是专业学科"高、精、尖"的学术研讨，可以说潘老师几乎都是全身心地拥抱这个舞蹈，可以说他对舞蹈事业的关注、投入胜过自己的生命。他做到了以一种热情洋溢的方式使舞蹈走向大众的心里，这是没有第二人可以做到的。他的这种魅力，永恒的生命状态在这个工作层面已经深入人心。

我记得，上一届也就是四年前，在上海举办了一场舞蹈比赛，比赛结束的第二天，潘老师作为东道主很热情地邀请我、左青、舒巧等吃饭。他带我们去吃上海很有名的"小杨生煎包"，那个地方只有上海本地人知道，外地人很少关注到这样一个地方的。潘老师说，"小杨生煎包"这家店是连锁店中最老的一家店，就快要搬迁了。潘老师和我们就踩着那家门店咯咯吱吱的楼梯，上了小阁楼，里面座无虚席，全都是上海本地人，可能是外地人还不了解这家生煎包的价值吧。

没有座位怎么办呢？我们几个就只好坐在楼梯旁的大条凳上等着排队，突然，一个老太太用地道的上海话喊道，"潘老师、潘老师……"，原来那个老太太在电视里看到过潘老师，记住他了，非要给我们让座，于是我们就在这位老太太的热心下吃到了闻名的"小杨生煎包"。当时舒巧老师郁闷了，她说，"我在上海生活一辈子了，都没这待遇！"逗得我们哈哈笑。我觉得潘老师如果是在身体健康的情况下，可以多做电视节目的事情，因为他在业内甚至是整个中国都是有一定的号召力的，这些都是别人无法取代的。

吴绚婷：罗老师，您与潘教授都是资深的研究生导师，您认为您二位在教学的风格上有何不同？听说您在北京嘉年华游乐场见到潘教授带他的研究生们一起玩游乐设施，这件事听上去让人不可思议？到底是怎么一回事？您又是如何看待这样的教学方式呢？

罗斌：教学方式我无法评论，因为我没有真正看过他的教学。你说的嘉年华事件，我也是道听途说的，听你们学校的其他老师说的，因为当时我参与了学校的一些节目创作，像跟明院长、靳苗苗等的创作时听说的。我们唯一一次为了一个创作就是吕院长、潘老师申报奥运开幕式这样一个项目，当时我是撰稿人，他们是总策划，我们当时是为了在节目中体现当下中国的科技含量，于是我们就在中国科技馆进行探讨，那时是我真正意义上感受到潘老师的现场魅力，我们探讨的目的就是为了将科技奥运的理念如何更好地放于奥运的开幕式中，那时就感受到了潘老师是一个非常好热闹，非常喜欢与学生同乐的这样一个老师，我觉得这种方式是非常有益的。

孔子讲的"有教无类，天生我才必有用"，只要是学生都有自己的长处，因材施教也是潘老师最推崇的教育方式。他绝不会去遏制学生的个性，更不会去做所谓的"文以载道、师道尊严"等去抑制、强制学生的发挥，让他学生的天性和个性自由的发展，这是他的教学方式。我比较赞赏潘老师的这种把学生当朋友的教育方式。在今天，人类的文化走向日益的平民化、大众化；日益的摆脱崇高，摆脱所谓的师道尊严，潘老师的教育走向是比较符合文化潮流的，我没觉得很好。嘉年华事件可能是他的一种休闲方式，也没有什么可以指责的，相反有时在放松的状态下，学生更能学到东西，因为兴趣是最好的老师，当大家对一件事情都饶有兴趣地去关注时，学习的效率往往能够得到提高。

吴绚婷： 罗老师，刚才您也提到了潘教授的教学方式，那么，您是怎么看潘教授在民间舞课堂上的教学风格的？如果您作为一名民间舞的学生，您会喜欢像潘教授这样的老师吗？

罗斌： 当然，是求之不得的，老师和学生本来就是一种朋友关系，很融洽的师生关系。只要能学到东西，方式是可以不同的，如果要我说潘老师的教学方式，那就是自由的空间，自由的精神，宽广的视野，轻松的学习状态，这几点整合在一起呢，就是潘老师的教学方式。有句话叫"独立之品格、自由之精神"我想这就是最高的境界。

吴绚婷： 您与潘教授相识多年，在您眼里生活中的潘志涛教授，他为人处事的作风是怎样的呢？您喜欢与这样个性的人交往吗？

罗斌： 这是不言而喻的，之前我已经说到了他的性格，他的这种乐善好施，他的为人豪爽，其实潘老师也有他侠骨柔情的一面，比如，他对生活本身的热爱，对学生、朋友的关爱，对事业的挚爱，这些都成就了他精彩、亮丽的人生。跟这样老师的交往我觉得是人生的一大乐事，我们可以说是忘年交，我始终期待和潘老师在一起工作，在一起相聚，这是非常开心的一件事。可以说他是全行业的智者、开心果、指挥、头脑的所在地，与他相处我也乐在其中，因为我永远不需要有所芥蒂、设防，都很开心。这就是潘老师的开放，他的大度，他的胸怀以及他对人的真挚。

就是到今天为止，让我感到最遗憾的一件事情就是没吃过他做的饭，听说潘老师有一手好厨艺，他的学生都在他家吃过饭，您是他的研究生应该都感到很平常了吧，可是我从没吃过，这件事他必须要圆我这个梦。当年我在央视时，带央视的摄制组到潘老师家拍过潘老师做饭的情景，只可惜当时只是为了摄制需要潘老师空碗空勺地在厨房做做样子，如果当时是"真枪实弹"地烹饪的话，我一定吃完再走。每次去上海，潘老师都会作为东道主请我们吃饭，但是我就想尝尝他亲自做的饭，说到这里我想起来了，我其实还欠他一顿饭呢，一忙起来就都忘了，一有时间我一定把欠的补回来，让潘老师别担心。真的很想找个时间，和潘老师一起聚一聚，最好是在他家，然后还能让他"露一手"。

吴绚婷：最后，如果让您用一句话来评价潘志涛教授的话，您觉得是什么呢？

罗斌：中国民间舞蹈教育的擎天柱！不管他有什么这样那样的说法，潘老师是民间舞蹈教育的擎天柱，真正地把中国民间舞这座大厦撑起来的是潘老师。

关于对潘老师的认识永远都是在发展中的，我只能是挂一漏万地说一点感受，潘老师给予我们欢乐，给予我们笑声，同时告诉我们什么是中国民族民间舞蹈的学院教育，这一点是他对中国民族民间舞蹈的突出贡献。我们都非常地尊重他，敬重他，因此，我们也与他走得很近，这是生命中的缘分，我非常敬重这种缘分，希望在人生未来的道路上，潘老师永远精彩！最后，我想祝潘老师：身体永远健康！

访谈时间：2012 年 7 月 11 日星期三 10：20—11：56
访谈地点：中国文联大厦中国舞蹈家协会秘书长办公室
访谈人：吴绚婷（北京舞蹈学院 2010 级研究生）

心底无私天地宽：一个对中国民族舞蹈事业热血沸腾的人

——赵铁春教授访谈

【人物介绍】赵铁春，北京舞蹈学院教授、硕士研究生导师、研究生部主任。1977 年就读于吉林省艺术学院舞蹈系；1983 年在吉林省歌舞剧院工作；1987 年就读于北京舞蹈学院中国民族民间舞系；1991 年在铁道兵歌舞团、总政歌舞团工作；1993 年工作于北京舞蹈学院中国民族民间舞系；2010 年任北京舞蹈学院研究生部主任。目前，还担任中国民间文艺家协会理事，中国舞蹈家协会会员，北京舞蹈家协会理事。

【访谈简介】从 1985 年起，赵铁春老师与潘志涛教授相识近三十载。在

这漫长的岁月里，潘志涛教授在赵铁春老师的事业之路上一直扮演着不同的角色。他既是赵铁春老师的恩师，亦是后来的同事，更是生活上的朋友。所以，潘志涛教授的教学方法、教学风格以及对中国民族民间舞作品创作、教材建设、学科思考等方面，都对赵铁春老师产生深刻的影响。访谈从学生、学科带头人、专家教授这三个视角出发，希望在只言片语中，了解到潘志涛教授独特的治学思想和人格魅力。

郭瀚繁：赵老师，我听说您是潘老师的学生，您能和我们说说您和潘老师是怎么认识的？

赵铁春：我最早认识潘老师是在 1985 年，那时候在南京有一个全国舞蹈调演，我当时所在的吉林省歌舞团也去了南京参加调演，我们参加调演的是朝鲜族刀舞题材的作品，名叫《勇士的欢乐》。那次调演潘老师也去了，住在江苏饭店。当时邢多里是北京舞蹈学院的老师，因为认识所以是他带我们去酒店找的潘老师。我记得当时的江苏饭店是很古老的装修风格，楼梯是木质的，踩上去嘎吱、嘎吱响，有一种别样复古的风味。

到了潘老师房间后我们就在里面聊天，那时候是和潘老师第一次见面，当时对他的印象就是瘦瘦的，说话很多，并且激情洋溢、声情并茂。记得当时我们也没有聊具体的内容，只是说了一下调演的情况，以及我们团舞蹈的发展情况。这是我们第一次见面，最深的印象就是他是一个清瘦、能说的人。

后来就是 1987 年，我作为考生来报考北京舞蹈学院，那时候正好我们团来北京展览馆演出，我在演出期间抽空跑出来考试，在考场上见到了潘老师，那时候他已经是中国民间舞系的系主任了。

郭瀚繁：这是在上学之前，那在您学生时期，潘老师给您留下什么深刻的印象？

赵铁春：同年我入学了，入学以后潘老师给我们上民间舞课，记得当时的课程是鼓子秧歌和维吾尔族舞蹈。我在课堂上见到他时，第一次他给我的印象还存在，即非常精干、说起话来底气十足，并且声音很洪亮。他上课有一种穿透力，这种穿透力可以从一个教室再到另一个教室，常常是他在某一个教室上课时，您会觉得整个走廊都能听到他的声音。

在他的课堂上有一个很深刻印象，就是课堂气氛非常活跃，大家都有一种怎么跳舞都不会累的感觉，他太有方法了，并且时时鼓励学生，就是不停

地做动作、反复练习也不觉得枯燥，上他的课对舞蹈能有很好地掌握，到了
后期还可以有空间自我表达，不会像别的老师严格地限制动作的规格要求，
不能越雷池半步。所以上他的课你会觉得很愉快。他给我们做很多示范，从
他做示范的状态上，你能够体会到他对动作、对这个舞蹈文化的理解，并且
他的眼睛也很尖，会很清晰地点明一些学生舞蹈中存在的问题。记得当时我
们是按身高来决定课堂上学习的顺序，我在班里不是很高所以站在第一排，
在第一排离老师很近，对他的授课状态应该说看得比较清楚，他授课中的一
些专业用语，以及对动作地示范都能比较直观地学习到位，他对我的评价则
是动作非常准确。

　　那时候的中国民间舞系，全系就我们一个班，在这40多人组成的班级
里，年龄段跨度很大，从16岁到30岁的学生都有，当时全系的老师都围着
这个班转，抓得也比较紧。我们在课余时间会开一些班会，或在班级里搞一
些活动，只要有活动，或只要开班会，系里面所有的老师几乎都要到，前排
坐着十几个老师，每人都要发言，轮到潘老师发言的时候，总是感觉他发言
的精神状态是最好的。

　　我还记得曾经有一次放假的时候全班要写一份总结，总结可以对老师进
行评价，我记得我写的总结是："潘老师，您是一个宣传家，是一个鼓动家，
是一个让人热血沸腾的人。"也就是说他在教授舞蹈过程中的鼓动性、宣传
性，会让你激情洋溢，让你看到无限的希望。

　　他很有人格魅力，时时鼓励学生去做很多事情，听完他的话会让你热血
沸腾，在他的鼓动下，你会觉得这件事一定会成功，光明就在前面。所以，
无论他说舞蹈动作上的问题，还是聊生活上的事情，或谈对社会存在问题的
看法，甚至是跟时代相衔接的发展趋势，他都能给你激情，这是他教书育人
特别重要的一部分。

　　郭瀚繁：从学生的角度看，您觉得潘老师的教学方法与教学风格是什么
样的？

　　赵铁春：我是1987年入学，1991年毕业的，我们在毕业之前有一个教学
法课的汇报，按教学法课我们要编一个组合，之后需要对这个组合进行讲解。
当时我们班里很多同学年龄已经很大了，我属于中间二十三四岁，因为年龄
的不同，对事情理解的深度也不同，常常是组合中有些人编得很好或说得很

长，有些人则相反。在课上有一件事给我印象特别深，一般情况下，学生上去讲解的时候都会有时间限制，基本上一个人 5 分钟，一旦讲到 5 分钟就让他结束，当然有些同学会有很多想说的，常常超时，一旦遇到类似的情况后，潘老师会特别理解这些上去讲解的同学，他发现你没讲完，总会留一点时间让你讲完。这件事我觉得他不是那种刻板、教条的老师，因为是在课堂上，在教学，不是在某个会议上，必须那么守时，教学是培养人，以学生为本，所以稍微破格打破一下也是能理解的，因材施教嘛！从这个里面看到他的教学方式和方法，属于比较开放灵活的，并且在课堂上他能接纳你的一些东西，不属于"一言堂"的那种老师。

还有一件事，也是关于汇报的，那就是我们每一人都要编个组合，然后在 701 教室展示。我们有一些同学，包括我在内都没有特别的重视，但我们班有个同学特别重视，他叫陈毅，现在在香港，他汇报的时候编了一个女子组合，叫《月牙五更》，这个组合音乐很长，他上台之后，背朝观众坐在地上，持续了两分钟一直在做上下韵律和划圆韵律，我们坐在下面的人都看傻了，忍受不了，感觉特别的憋屈，但是潘老师泰然自若，很认真，并且看得津津有味。

潘老师还有一个特点，就是在看任何人跳舞的时候他都是很兴奋的，看得眉飞色舞、兴高采烈，不管对方跳得怎么样，当你看到他那样地去看你跳舞、表演，你不会，也不可能跳得不好。所以当陈毅背着身给我们表演时，潘老师的表情丰富，跟着音乐旋律投入其中也在表演，但毕竟是两分多钟那么长的时间，我们都忍不住，于是开始笑场，当陈毅终于转过来，做了几个动作后亮相停住结束后，我们报以热烈的掌声，当然这是在鼓倒掌，因为我们每个人都觉得这个组合编得不尽如人意，必定组合不同于作品，坐在地上一直做动律没有发展延伸，教学会很不适合。让我们都没想到的事，在汇报结束时，潘老师回过头对我们说："今天我要表扬陈毅。"当时全班都很疑惑，他接着说："我为什么要表扬他？陈毅认真，态度好，如果你认真，态度好，得五分（满分）。他坐着，两分钟的时间，认真地做着上下韵和划圆韵，谁能做到？在这一点上我就要表扬他。"现在我们想起来，潘老师是善于发掘每个人的优点的，在教学上很有策略，他通过另外的视角去看待每一个人身上的优点和潜质，鼓励学生，让学生在学习中得到自信，从而对自己的所学产生兴趣，进而做出更大的成绩。我们当了老师才有这样的感触，当学生的话就会觉得对这种状况不能理解，所以我觉得在现在看来，他是非常睿智和有爱心的一位教师。

郭瀚繁：这是您的学生时期，那在您毕业后在学校当老师的过程当中，潘老师对您有什么启发和帮助？

赵铁春：上学期间，他的授课做法以及一些教育理念给我们留下了特别深的印象。后来我当老师了，其实我能当老师也特别感谢潘老师，因为毕业后我没有直接留校，分配在铁道兵歌舞团，后来在总政歌舞团做编舞、教学这方面的事，大概在1993年，和很多朋友聊天中觉得还是回到学校当老师比较好，所以就打电话给潘老师，向他说明我回校的意愿，他没说什么，就觉得如果我要回来当老师也可以（那时候不像现在找工作那么难）。

电话联系上了以后，他让我晚上到他家去一趟，我去了以后，和他说了情况，记得当时是这样说的："我觉得想回来当老师，因为一方面，在社会上做事有很多困难，而当老师一个是我很愿意，再加上上学的时候您也表扬过我说我动作做的比较标准，所以我就想我应该能够胜任老师这个职业。"就这几句话，当时他就同意了。

去完人事处后潘老师让我去找一下吕艺生院长，于是第二天早上八点上班的时候，我就去吕院长的办公室门，不一会儿就见到吕院长上来了。见到我他就问："你怎么来了？"我说："我来找您。"他问："怎么了？"我说："有一点特别重要的事情想和您说一下。"于是我就跟着吕院长进了办公室，然后我就说："吕院长，我现在想回学校当老师。"吕院长当时愣了："当老师？那你毕业的时候怎么没有留校呀？"我说："吕院长，这说来话长，我也想留校，但是因为各种原因就没有留下来。"吕院长接着说："那你跟潘老师说了吗？"我说："潘老师已经同意了，他让我来找您，再跟您说明一下情况。"吕院长："那行，我知道了。"之后我就走了。过了大概有三个月，关系就办下来了，那时候大概是1993年的三四月份吧，之后我就到民间舞系当老师。

我还有一件事情是印象比较深的，我进了民间舞系工作没有多久，潘老师就要去广东舞校当校长了，在去之前，当时的系主任明文军老师和潘老师就领着大家在讨论大系教材。我们开了很多次会，在讨论怎么样写，最后形成一个什么样的教材内容，等等，讨论完了后就通知我们到广东的花县，用15天时间集中编写教材。

教材的编写过程特别辛苦，我也和明老师、高老师一样带着一个组，用了将近15天的时间，每天早晨8点都去会议室报到，报到的主要内容就是汇报教材的完成情况，在编写的过程当中有什么样的问题，是动作的问题，节奏的问题，音乐的问题，还是你的写作描述问题，等等，出现的一系列问题都要进行碰面研讨，群策群力地解决。

让我感动的是，每天早上8点，当我去会议室的时候，潘老师一个人早早就坐在会议室了。15天时间，他从来没有晚到过，总是第一个到场，而我们都是稀稀拉拉地进来，有些人还经常迟到，有些人来的时候还嚼着早饭，但他永远都是准时准点。就这么一件小事情让我就特别有感触，作为一个老师，作为一个领导，他能够坚持做到这一点，我觉得这是特别不容易的一件事情。他这样做会影响到我们所有的人，因为我们都是他的学生嘛，那他就会对所有人的行为，所有人的做法产生一些潜移默化的影响。

除了他能提前到以外，在会议结束之前他强调的几个问题也让我印象特别地深刻，那个时候我们没有几个人编写过教材，我在这方面的第一课可以说是潘老师教的，我记得特别清楚，他强调：第一，教材15天编写完肯定有各种各样的问题，藏族、蒙古族、维吾尔族、朝鲜族这些民族舞蹈，再加上汉族的三四个地域舞蹈，其中还分为男女班，这么多内容，难免会出现问题。任何一个环节出一点问题都是可能的，但是只要我们每一个人尽心尽力地去做就行，出现问题几率的多少，要看我们每个人有多少责任感。第二，他就提到了"齐、清、定"的问题，一个教材，一本书总得有人拍板，拍板就是出版社强调的"齐、清、定"。他说北京舞蹈学院先前编写的教材，有些没有出版最重要的原因就是没有"齐、清、定"。"齐、清、定"就意味着这个教材有人拍板，有人负责才能够出来。这部教材一定是在你们每一位负责人那一块达到"齐、清、定"最好，这样这部教材就可以出来，否则永远出不来，这番言论是我第一次感觉到出书、出教材的标准是什么。

郭瀚繁：我们知道您是中国民族民间舞系第三任系主任，对学科的建设和对学科的发展会有自己独特的思考，我们知道潘老师是首任系主任，您能不能从学科带头人的背景上谈谈当时中国民间舞系的发展状况？

赵铁春：那是在 2001 年，王国宾院长上任，对整个学院做了一个改革，即中层干部需要竞聘上岗。以前都是任命的，领导指定谁，谁就来当，这时就不指定了，是按照每个人的软、硬件条件来竞聘，有能力上，没有能力就下。

当时学校组织了一个班子，这个班子是由学校的院长、书记等领导以及学术委员会的专家组成。在竞聘的时候，各个学科的所有老师都去听、去投票、提意见。记得当时我们就在二楼会议室，那时会议室里还不是大圆桌，而是 30 把椅子全靠在一面，对面有个小台子，我们就上去演讲。在竞聘上，我们可以自己报名，当时民间舞系是我、韩萍、郭磊、高度这四人竞聘系主任。

其实当时我没有特别想聘系主任，那时候我和学校的任冬升老师正好在广东做十运会的闭幕式。明老师给我打电话让我回来，说学校竞聘了，想让我回来试试。因为之前明文军老师是系主任，他就跟我说让我聘一下副主任，然后我就想既然要参加竞聘了，那还不如干脆就聘主任吧。其实明老师的意思是为我好，让我量力行事，知道深浅。

我回来以后，明显感觉学校里面的气氛突然凝重起来了，大家见面都感觉不太认识，虽然课照样上，但是办公室里面没有人了，我觉得和原来不太一样。那个时候潘老师已经在广东舞校工作了，但是也会时而回学院，我了解了一下情况之后就去找潘老师，我说："您帮我判断一下，我可以去竞聘吗？"潘老师当时就说："你就去竞聘吧。"我说："我竞聘是不是得准备点东西呀？"他说："当然啦！"我说："那这样，我准备一下，明天找您跟您说一下？"他当时答应了。

我为什么要说竞聘的事情？其实也是想通过这个说一下当时中国民族民间舞系的基本情况。我回去准备了一个提纲，提纲的大概意思是我回顾了中国民族民间舞系整个的情况：从北京舞蹈学校 1954 年建校之后的发展情况，一直到中国民间舞系 1987 年成立，再到 2000 年这样一个基本情况。我在第一点大概做了一个回顾，第二点主要谈到了我们现在对于中国民间舞学科的建设。记得当时是这样说的，中国民间舞学科建设有以下两个部分：第一个部分就是我们的师资队伍建设，这不仅是民间舞，在整个舞蹈界师资队伍建设都是十分重要的，因为有过硬的队伍，才会有教材、作品、科研等各个方面的建设，人才建设是根本，如果你没有人才梯队的建设，那很多东西根本实施不了。在师资队伍的建设上，我们可以看到老一辈教师他们的贡献，尤其是他们在民间的舞蹈当中采集、整理、挖掘舞蹈动作素材，并将这些动作编成教材。通过教材培育人才传承文化，教材作为一种媒介，一种方法，传授给大家后，使大家能够掌握，在掌握这些东西的基础上，使身体能够在这样的一个文化语境当中自由地表达，有了这些东西以后我们才有了今天。这是非常重要的基础，我们不能把这些东西说翻版就翻版，这些东西一定是要继承和传承，使得它作为我们学科建设的基础，要不断地去丰富它的内涵，不能懈怠，要非常的重视。再一个就是我们学科的整体建设，师资、教材、作品、人才培养，以及后来我们所说的理论研究和学术主张，这些东西都要重视，应该是齐头并进，只有如此才能把整个学科整合得更丰满，更完善，记得当时提纲里面主要提的就是这些问题。

为什么我会提出这些问题？其实在当时，大概是2000年前后，民间舞出现一个很严重的问题。早在1996年的时候有了一个《我们一同走过》的晚会，是高度老师的作品，当时是给96级毕业生做的一台毕业晚会，那里面有现在学院的刘轰、惠彤、王斌、李佳等老师。在那之前，我们也知道中国民间舞系的一个基本情况，在1991年我们这届毕业生毕业的时候，做了两台晚会，一台叫《乡舞乡情》，一台叫《献给俺爹娘》，这两台晚会出来以后就奠定了民间舞创作上的一个基本主张，也就是说它由原来民间的东西提升到课堂，从课堂转化为舞台，这是一脉相承的东西，所以民间舞作品晚会这种思路是持续贯穿的。

张继刚做《献给俺爹娘》这台晚会，当然有他自己的局限，他是山西人，他熟悉掌握的是山西的东西，至于藏、蒙古、维吾尔、朝鲜族的舞蹈他不太熟悉，《献给俺爹娘》这台晚会当然以山西舞蹈为主，但是创作中对民间舞动作语言的运用，这种在创作总结归纳出来的方法，具有通则性，可以辐射到藏族、蒙古族、维吾尔族、朝鲜族舞蹈的创作中。这以后，到了1996年，高老师推出了《我们一同走过》，虽然是高老师做的晚会，但实际上明文军老师当时是主任，高老师是副主任，我相信当时做这台晚会，明老师是有他自己思考的，高老师也有自己的思考，这台晚会不是凭空出来的，虽然当时我只是一名普通老师，但是我也能感受到他们的思考。

　　这台晚会出来以后引起了舞蹈界的特别关注，关注的焦点就是如何认定中国民间舞的创作。因为刚才我说过，1991年的那两台晚会基本已奠定中国民间舞创作的方向，在1996年突然出来了另外一种主张，并在创作理念和创作思考上有了另外的想法，当然这个创作理念我们不能简单地说是以现代舞为基础来创作思考的，但它一定是有现代舞的因素和创作手法在里面。这台晚会一出来就在业内引起了不少讨论，这种讨论我觉得很必要，人们最关心的就是北京舞蹈学院中国民间舞系到底要干什么，民间舞系做这样的一种晚会是不是会引导所有的人朝着这个方向走？类似像1990年的《乡舞乡情》，及1991年的《献给俺爹娘》，我觉得这点非常重要。

　　这个晚会演出完了以后，我们学校的学术委员会进行讨论，同时也请了外面的专家来进行研讨，每个人的主张完全不同，有说好的也有说不好的，有些老师还在舞蹈杂志上进行过一番讨论，争论挺激烈的，当然最后也没有一个准确的定论。两年以后的1998年，我担任班主任的那一届毕业班毕业，我也做了一台晚会叫《泱泱大歌》，整个晚会也是以汉族为基础，但是所采取的全都是北京舞蹈学院的教材，其中有汉族的东北秧歌、安徽花鼓灯、山东秧歌，等等。在这台晚会中，我就有意识地把民间舞创作往回拉，从整个晚会的构架就可以感觉到。

　　《泱泱大歌》一共分为三段：第一段是在中国剧院外面的空地上做了一个原封不动的汉族广场秧歌。比如东北秧歌，从搭像，到最后老扭、傻柱子和二妞的对舞，然后老扭给他们进行说媒，到最后的舞蹈结束，这都完全是纯东北的广场秧歌，没任何改动。再比如展演的山东秧歌也一样，演员们打着鼓，拿着伞来舞蹈，基本上是按照广场民间舞的做法。第一场完了之后，学生踩着高跷，扭着秧歌进入到中国剧院的舞台上，脱了自己民间的衣服和行头，把高跷解下来，换上练功服，然后就开始上课。第二段是课堂部分，这一部分展示的就是我们现在上课的情况，我把它精简出一些很重要的段落进行表演，这个表演完了以后，到了第三段，才是创作作品部分。那也就是说在《泱泱大歌》这台晚会的整体构架上面我们就可以看到广场—教室—剧场这三个点所连成的一条线。在这台晚会结束后我写了一篇文章，叫《写在泱泱大歌落幕之后》，其中专门谈到了专业民间舞"三点一线"的问题，这是我当时提出来的问题，当然这个问题提出之前，大家也都是这么来做的，只是没有清晰地提出这个概念。

当时我是特意避开 1996 年《我们一同走过》的做法，来寻找民间舞在舞台上的不同尝试，从这个尝试能够看到，我们在舞台创作和表演过程当中的学术追求和发展脉络。这台晚会完了以后，大家认为，民间舞系又找回了自己，即在两年以后，通过这台晚会，可以清晰地看到民间舞系向回寻找的过程。

今天的中国民族民间舞学科发展能够达成共识，能够把它放在一个群体认同的做法上实践，这恰恰也是它存在的价值，否则就没有存在的意义，因为它不能排他了。艺术是讲个性和特色的，民间舞也讲这个，它在民间的存在本身就是具有排他性。维吾尔族舞蹈能和蒙古族舞蹈一样吗？藏族的弦子和锅庄能一样？如果这些上升到专业艺术院校，都变成当代舞或现代舞不排他了，大家做的都一样没有区别，那还要它干嘛？直接跳现代舞或当代舞得了。所以在这样的问题上，我觉得坚持它的艺术品质、文化特色尤为重要，估计因为这个我才能一夜之间"蹦"出来当系主任。

郭瀚繁：那您觉得当时潘老师对民间舞学科的思考是什么？

赵铁春：在 2001 年的时候我当了中国民族民间舞系主任，无论如何我都是小辈，当了主任之后，就特别重视老一辈教师的意见，尽量和他们取得共识，希望得到他们的理解和支持，我觉得在这点上潘老师做得非常好。你要知道，通常跟你关系比较近的老师，在你当了领导后，就开始有距离，常常离你远远的，为什么？因为有利益关系。学生、同学之间没有多少利益冲突，最多就是争一下学习上的事情，是很单纯的。但是当了领导，作为系主任，你的朋友、同学、老师如果能够继续支持你，我认为这不仅是一种美德，而且是一种胸怀，我觉得潘老师具有这种胸怀。

我们很多同学，很多老师都跟他很近，相处得很好，是因为他有胸怀，有了这种胸怀，才能够跟别人完全地融在一起。我个人认为，当一个人具有这样的品德和胸怀的时候，他为人处世一定是公道的，不是自私的，自然众望所归，大家都像你靠拢。当然谁都会有私利，没有不自私的，但是当你作为一个长者，作为一个老师，作为一个过来人，面对你的学生，面对你晚辈的时候，具有这种胸怀，首先解决的是自私问题。

还有一个就是潘老师特别能够理解人，会时常表扬你。其实我们做事的人，只希望老一辈说一句："我们放心了，做得不错。"就这一句就是对你很大的激励，没有任何奢求。但是往往有些人做不到这点，你只要一迈步，他就会说错，要求你必须收回来；你要迈第二步，他对你的批评就会更过分；你如果要坚持迈第三步，他甚至会走极端，目的就是让你寸步难行，现在有太多这样的人了，不管你干什么，反对就是他一种本能的态度。

但是潘老师不这样，他不自私，有胸怀，能理解你、支持你、鼓励你，即使你做错了一件事，他也会说没事，下次做好就行。我觉得这是一种境界，他能允许你犯一些错误，那时候他是学术委员会副主任，主管北京舞蹈学院民间舞学术问题，所以他给你的支持很重要，年轻人上来做事总要有人支持，假如没人支持的话，还没有等你去做，就已经一塌糊涂了。这个非常重要，他做到了这一点，其实每个人的成长不都是在干中出错，错中纠正，循环往复地前进的嘛！

郭瀚繁：那有没有具体的事件呢？

赵铁春：其实具体事情有很多，我就说三件事吧。第一件是2004年北京舞蹈学院五十年校庆，我先跟潘老师谈了五十年校庆民间舞系要做一台什么样的晚会，我给它起了一个名字叫《大地之舞》，我说这台晚会我们基本上遵循五十年的发展历程，不一定有新的创举，也没想在五十年的时候做什么新创举，我们强调看过去我们做了什么，目的在于总结。

潘老师说这个想法很好，为什么？因为我们五十年以后的历程还没有开始，五十年以前走过的路必须做总结，未来怎么走，是有各种可能的，等到未来再说。得到潘老师的赞同后，我们就开始工作，整个工作是很顺利的，因为有潘老师，有系里老师的支持，五十年校庆推出的《大地之舞》，应该说从全校十几台晚会来看，我们是非常有特点的。那天戴爱莲先生、彭松老师、贾作光老师都来看了，他们都是非常赞赏，特别高兴，给了高度评价。他们觉得北京舞蹈学院中国民族民间舞发展了五十年，从今天舞台上的呈现来看走的路是对的。他们的这番话很重要，方向决定未来这是谁都知道的道理，我们的路子没有走歪，这是一个很重要的起点。

第二件事就是在校庆以后，2005年，潘老师做了一个很支持我工作的坚定表态。因为早在2003年的时候我找他，我说："潘老师我有一个想法。"他问我："什么想法？"我说："我想做一个舞蹈博物馆。"他说："舞蹈博物馆?"我说："对，因为我们长期下去采风，积累了很多东西，而这些舞蹈实物资料是需要有一个地方放的，我们不能像狗熊掰包谷，掰一个扔一个，总要有一个地方存起来。这其实就是一个存储历史的事情，我们下去采风也好，跟民间舞艺人接触学习也好，从民间和广场采集的资料我们都要有地方放，最合适的地方这就是成立一个博物馆。如果不系统完善地保存，到今后我们再拿来研究、梳理、分类做教材搞作品的时候，这个东西在哪里？到底有没有这个东西等一系列的问题都会发生，以前做得可能就白做了，有了博物馆，这些问题就都能解决。"

他听我说完以后，觉得特别好，他认为舞蹈是一个时间性的艺术，今天看了，明天就没有了，你当时看完后，再做一遍都会不一样，那这种东西是需要留下来的。因为它是人类历史的记忆，哪个时间，哪个地点，哪个人，哪一秒钟你要记录下来，对于你今后的研究会有很大帮助，那这个东西就应该在博物馆里面来做。于是他便让我和王昕老师起草一个报告，这个报告主要讲的是为什么要建立舞蹈博物馆。

报告做好了以后我们就呈给王国宾院长，这是 2003 年的事，2004 年校庆完了以后就把这件事情作为一个项目列上日程。2005 年的时候，科研处的矫立森老师来找我，说舞蹈博物馆的事情很可行，但是北京教委科研处不明白是怎么回事，让我去给他们讲一讲具体的事情，我说没问题，我跟潘老师说了后，潘老师带着我、王昕以及矫立森老师去了北京教委进行答辩论证，当时在场所有的专家，没有一个搞舞蹈的，甚至没有一个搞艺术的，全是理工科的专家。

我先给他们讲了 10 分钟，当然这里面有一个技术问题，你直接谈博物馆，他们不会给你资金，因为博物馆不属于他们管，属于文物局管，所以我没有直接谈博物馆的事，直接谈的是对传统民间舞蹈的挖掘、整理、保护和应用的问题，我说这个东西的重要性时，一个最重要的观念就是这些民间舞蹈应该不断地被累积下来，传到子孙后代，我们作为学校，把这些东西挖掘、采集、保存下来，初期先做一个资料分类研究，然后慢慢地挖掘其价值进行深入地学术研究和实践利用。当时在场的所有专家认为我们就是出一本书，这不行，我就这个问题又做了一些深度说明，力争把我们的意图传达给他们。我讲完以后潘老师就上去了，那是慷慨激昂，激情四射，生动地叙述了从民间到学校我们到底在做什么性质的工作，从 50 年代到今天，我们持续地进行民间舞蹈的挖掘整理工作，这些东西越积越多需要将之整理保存，特别是要进行一个永久地保存，便利今人的同时也造福子孙，等等。

潘老师激情洋溢陈述把所有专家都说服了，一些专家开始说好、好、好，我们理解了，记得潘老师最后说的一句是："如果你们还不清楚我说的这些话，我希望你们这些专家不要坐在办公室里面，到北京舞蹈学院去看看，去了解一下我们的工作。"结束以后我们就回来了。这是 5、6 月份的事情，到 9、10 月份的时候这个项目就批了下来，第一年 110 万元，项目一共持续五年，每年都有大约 100 万元左右的经费，这个事就这样成了，这里面有潘老师一份功劳。我个人认为，如果北京舞蹈学院要梳理"舞蹈博物馆"历史的话，一定要记着这里面有潘老师的一份功劳。我觉得潘老师对我个人也好，对学科也好，对民间舞事业也好，他都是一腔热血，换句话说，他不是对我个人，而是对这份事业，因为中国民族民间舞事业，把我们连在一块了。

第三个事情，便是再后来 55 周年校庆时候，我带着系里面老师做的一台舞剧叫《第五朵金花》。潘老师在其中也是亲力亲为，从开会讨论剧本，到赴云南进行采风学习，再到指导具体排练，以至于后期学院汇报、最后演出，只要他有时间，肯定到位，到位以后就开始动员，他是用这样的一种形式来支持我们的工作。因为这台剧全系动用了将近两百个孩子，参与创作的老师将近十几位，这样一个大的活动，没有他这样一位德高望重的人在背后支持，真不知道能做成什么样，他是全身心地投入进来支持这项工作的。

这台舞剧从编排到演出前后持续了将近两年时间，前期因为资金没有到位，没有办法启动，排练过程是需要毅力和坚持的，尤其到最后，离演出之前还有两个月，突然说钱没了，离我们的期待还差 50 万元，舞美是没法做了，这也是最后为什么我把舞台临时调整成大屏幕替代所有场景的原因，因为钱不到位，只好租屏幕，在屏幕上投影像，完成剧情氛围营造，当然也做了一部分实物场景，因为实在没法省了。在这种情况下，潘老师又一次站出来，说差多少钱？不行我个人拿，这让人真是感动，一方面体现了他希望我们能做成事的期待；另一方面也体现了他对于中国民族民间舞学科发展的思考与重视。

郭瀚繁：我们知道中国民间舞系是潘老师一手建立起来的，那您能和我们说一下他对这门学科的贡献在哪里？

赵铁春：我觉得1987年建系的时候他是系主任，但整个中国民间舞系的历史，从1954年到1987年，从1987年到现在，这个历史不是一个人写成的，刚才我提到的盛婕、彭松老师，还有后来的很多老师，比如罗雄岩老师、许淑媖老师、李正康老师、陈春绿老师、王连城老师，等等，还有包括马力学老师、刘友兰老师、贾美娜老师，等等，这些老师对这个学科的贡献都居功至伟。到了潘老师，应该说1987年建系，是一个标志，是中国民间舞学科正式独立为一门专门学科的标志，从整个学科发展的历史上看，无论如何，1987年都是一个很重要的节点，这个节点我个人认为是属于潘老师的节点，当然吕艺生院长任命潘老师当主任，肯定是有想法的。

潘老师作为这个历史阶段的节点人物，他担负的是中国民间舞学科能否独立存在，以及这个学科如何从中专过渡到大学，即民间舞如何走向舞蹈高等教育的历史重任。这个历史开端是潘老师首次书写的，到了后来由明文军老师和我，现在是高镀老师来书写了，我们是在承前启后、继往开来地做着这份工作，现在我们所取得的成绩，是与潘老师以及其他的老师、同学，甚至是学生作出的贡献分不开的，是与1954年—1987年—至今这个学科所有的师生共同的努力分不开的，民间舞的历史发展脉络融入了每一位民间舞人的心血。潘老师作为将民间舞带上大学的学科开端人，这个承上启下的过程非常重要，甚至可以说是举足轻重，为学科的长远发展打下了一个非常坚实的基础，我认为在这其中他做了几件很重要的事情，其中最重要的是如何确立中国民间舞学科的发展走向，就是这个学科我们应该怎么办？办什么？原来中专干得挺好的，为什么要设立本科？设立本科后我们到底要干什么，能干什么？我觉得他做的第一个工作就是证明自己，证明自己所做的这件事是有价值、有意义的，而且是可以在大学教育当中有立足点的，就如他所说找到中国民间舞存在之必然。

他找民间舞存在之必然的第一个措施就是抓了创作。按一般人的理解，教学单位就搞教学吧，干嘛要搞创作？他恰恰抓了创作，创作抓了之后立即引起了社会和舞蹈界的关注，中国民间舞就这样以独立学科的身份呈现在世人面前。通过创作表达了他的舞蹈教育理念，以及对学科建设、未来发展的思考，即我们要干嘛？我们要干的是什么样的一件事？这些事、这些追求通过舞台上呈现的作品和学生的表演状态传达给社会，传递给观众，同时告诉舞蹈界同仁。如果说以往，我们所做的大量工作侧重在教学的话，那么从潘老师开始，从以教学为基础，注重向舞台提升，关注创作，关注在创作中表达自己的教育理想，抒发自己的学科追求便成了我们一直坚持的专业目标。

舞蹈作品是最直观的，通过表演，你想干什么很快就能让人家知道、感受到，同时认识到了民间舞的舞台魅力和艺术价值，也体现出民间舞人做这件事情的意义。他具体实施的措施就是《乡舞乡情》和《献给俺爹娘》这两台晚会，通过这两台晚会让人们知道了，哦！原来民间舞这么好看！民间舞原来是这样跳的，跳完了以后让人家觉得很感人，并且有自己的语言特点。

社会上舞蹈界对民间舞能产生这样的认识，我认为这个基础应该是潘老师奠定的，当然历史上很多民间舞老师和编导一直在做创作，比如说20世纪40年代，彭松老师就跟着戴爱莲先生在重庆做《边疆音乐舞蹈大会》，开始尝试着进行民间舞舞台化创作，《嘉绒酒会》、《端公驱鬼》就是当时他的作品。后期的王连城、罗雄岩、许淑媖、李正康、马力学等老师都在做创作，一直没有间断，社会上民间舞作品也是精品连连，如金明的《红绸舞》、《孔雀舞》，冷茂宏的《快乐的啰嗦》，等等。这些作品虽然在社会上都产生过深远的影响，但是这些都是以单个作品形式出现的，没有成规模、目的性非常明确地系统展示。到了1990年和1991年，这两台晚会是整体和盘推出，目的性非常明确，就是宣扬中国民间舞的魅力与价值，这两台晚会推出的时间也很关键，恰恰是在80年代末到90年代初的时候，因受西方现代舞和流行舞的冲击，整个中国舞创作处于低谷，甚至民间舞在舞蹈杂志的文章中被指责为"没有生命力的博物馆艺术"，突然间北京舞蹈学院呈现出了两台这样的晚会，将所有舞蹈界的目光一下聚焦到这，应该说在那个时期，这两台晚会，给中国舞蹈界的创作吹来了一股春风，学术界将这两台晚会定位为"寻根"，是对本民族文化的认同，是在物质文明的大冲浪里对即将丢失民族之"根"的固守。有些评论文章还说出"它在都市的喧闹中带给人一阵清凉的田野之风，为一颗颗疲倦的市民之心吟唱出清爽的自然之歌。"可见评价非常之高。

这就是潘老师的贡献。到了后来，就是我之前说的《中国民间舞教材与教法》大系教材的编写，也是潘老师带领我们做的，在这里面我们可以清晰地看出他的治学思路，他先抓创作，后抓教学，教学的关键在教材，这部教材至今仍然是奠定本科教学的基础，现已经成为全国性的中国舞蹈教学普及范本。当然这部教材不是他一人之功，积累了很多人的智慧和做法，特别是1980年首批本科生入学后教师们在教材上做出的努力，在这个基础上结合前期做的工作，最后形成了这本书。当然之前马力学老师、刘友兰老师也出过一本《中国民间舞教材及教学法》，但是那本书主要是针对中专，而这个大系教材主要针对本科教学，现在系里所有人教课都要拿这部教材看，除非有了新的东西，比如后来我做的传习课教材，但是传习课完全和北京舞蹈学院不一样了。

我认为潘老师从作品创作到教材的建设，整体的思路是他一直说的八个字："民俗——民间——民族——典范"。虽然看起来，这也是一条横线，因为民俗、民间，是在民间土壤里面的东西，一个偏重于民俗的文化，一个偏重于民间的舞蹈，再往上就是要上升到民族文化这个层面去理解它了，即它会从民间层面提升到民族艺术文化表征的这个层面，范围又扩大了。那么从民族再到典范，又上升了一个高度，这个东西能不能持久地变成类似《诗经》、《汉乐府》那样，从民间来，经过整理、加工、润色变成不朽的经典，不仅代表一个民族的文化品格，也代表一个国家的文化主流，这就是我的理解。

当然，这样的提法我认为是有意义的，从一个低层面跨越到一个高层面，本身有一个发展向上和历史延承的观点，在历史上民间艺术如果想要更好地传承走的都是这条路，这应该是他从历史上梳理出来的观点，当然也有它现实的、实用意义，我觉得这就是他学术上的主张。比如他说"典范"，我认为典范就是民间舞蹈在教材上的典范，民间舞蹈在创作上的典范，或者说民间舞在教学上的典型组合，我理解的应该是这样的东西。拿教学组合来说，在民间组合的素材是纷杂的、散落的，到了艺术院校的课堂它应该是精练的、有代表性的、有艺术品质的、有目的性的，只有达到这些要求它才算是具有典型和典范的意义。到了创作当中，有代表性的，呈现出不朽的，能让人百看不厌的，能引发人深思的，最能代表中国民族舞蹈文化属性的作品，也会构成创作上的典范，对于中国民族民间舞的教学、创作、学术研究我认为他都是有思考的。

郭瀚繁：赵老师，我们知道您现在已经是教授了，同时也是研究生部主任。您能和我们谈谈像潘老师这样的老教授,现在的作用和价值是什么?

赵铁春: 我在民间舞系当主任的时候,就曾经说过这样的问题,就是如何看待我们这些老专家、老教授,他们的价值、学术思想和艺术追求。虽然有时候他们动笔比较少,但是他们有思想,这些思想是潜移默化传给你的,我们是不是应该先梳理一下这些专家们的思想,使得这些思想能够继承下来,这对学科的未来发展非常重要。我在博物馆工作的那段时间也做过一个口述史的项目,这应该是全校第一个做的,我们当时做的是一个比较广泛、开放的东西,做的是全中国知名舞蹈家的口述史,而不仅是局限在民间舞、古典舞、芭蕾舞这几个学科。

我们列了大概有两三百个专家,这项工作主要是由闫晶老师负责,做这个项目的意义我认为其实就是在梳理他们的思想,因为舞蹈人落在文字上的东西比较少,但让他们说可以说出很多,也极其有道理,这些东西是我们要特别关注的,并且要下工夫去梳理。现在高镀老师也在做口述史,主要是与民间舞有关的口述史,我觉得这都是非常好的一件事,把这些老专家、老教授的学术思想和舞蹈追求进行梳理,之后用这些来丰富完善我们,我觉得无论是本科,还是研究生学习都应该有这部分内容。

其实我也想在研究生这一块儿开设这样一个课程,就叫《口述舞蹈》,搞一个开放式课堂,每次上课请一位知名老教授,学生提问,老教授及时回答,不用事先备课,我们记录就行。这样的开放式课堂完全可以在研究生教学里面来做,与其让一个人对着老教授进行采访、记录,不如在课堂上我们20多个学生,每人准备两个问题,比如今天的老师是潘志涛,那准备了问题的学生在课堂上就可以提问,潘老师解答。我觉得这样能够把他的思想完全贡献出来,学生也能马上听到,一些录音摄像设备跟上,上完课后这些东西也能很快整理出来出版发行,如果这样做的话,他们的学术思想和舞蹈主张就可以很好地继承下来,这些东西的意义和价值不可限量。

像潘老师他们这种老专家,我觉得对于民间舞学科来讲,他们的意义有以下几个方面:首先,要树立起他的学术思考和思想,然后在他的思想和思考里面尽可能挖掘出更深刻的内容。其次,在承接的过程当中,要提炼和生发出另外的东西,这才更具有意义。最后,就是只要潘老师在这里,我们就踏实,看到他你就心很定,做什么都有底,就像父母健在,我们就踏实,遇到困难也不怕，这是一种无形的力量。

郭瀚繁：潘志涛教授现在已经退休了，但是他退而不休，现在还是在为这个学科不遗余力地做着贡献，那您觉得潘老师现在对这个学科、对着专业，甚至对舞蹈所发挥的余热是什么？

赵铁春：其实潘老师是一个喇叭，对外宣传工作做得很好，他是中国民族民间舞蹈的一个很好的宣传者，你看他现在天天坐着飞机转来转去，他落在哪个地方，就到那个地方宣传民间舞。这种宣传其实是学科开放式的一种对话，是一种语境，大家建立起这种语境，做事、做舞蹈的思路和套路都会清晰很多，这是非常重要的一点，在许多老专家身上没有，是他自己独具特色的一种能力，这对于传播和普及中国民族民间舞有着非常重要的意义。这一点是他给我们做了楷模，当然之前他做了很多工作，最后才形成了现在的状态，比如从"桃李杯"、再到"CCTV"，然后湖南卫视、北京电视台，等等。现在人们有着这样的对话：

"你是搞舞蹈的吗？"

"我是的。"

"那你认识潘志涛吗？"

"我不认识"

"那你就别搞舞蹈了。"

从这番对话中可以看出潘老师现在已经成为舞蹈界的标志，这是很有意思的，在这样的一个影响力下，向外宣传中国民族民间舞常常事半功倍，为此我们希望潘老师健康长寿，当然这是对事业的一个说法，但是我们更希望他健健康康的，多爱惜自己的身体。

还有一件事情值得一提，有一天我们俩在一块的时候，他说的几句话很经典，那是去一个大学做专业指导，到了那和学校里的老师一块吃饭，估计是外校的一位老师说："潘老师，我们想请你到我们那里讲讲课，做个讲座。"他说："哎呀，我这日程排得太满了，这样，你可以让铁春老师去讲，我在下面坐着。"意思就是，你们可以让年轻的老师去讲，我在下面坐着就行，之后他就说："讲座，讲座，就是别人讲，我坐。"当然也是开个玩笑，但是他这里面就渗透着把更多的机会让给年轻人，年轻人也可以讲，也可以做这方面的工作。我去给浙江传媒，还有山东大学做讲座，有的时候潘老师也在，他就是那样你讲他坐着。这什么意思呢？就是说他是一个有胸怀的人，对年轻人、对晚辈，不仅关心、爱护，还栽培、推荐，真是如他所说甘为人梯，或者他是一棵大树希望我们是藤蔓顺着他向上爬，我觉得这一点他做得非常好。

他在中国民族民间舞的宣传上，在对舞蹈事业的这份爱，或者是对年轻人的提携上，我认为他的胸怀很宽阔，如果没有这种胸怀，做不到这一点。这一点潘老师特别像贾作光老师，我认为贾作光老师是一个心胸坦荡的人，心底无私天地宽，他属于那种人。如果你具备这样一种品德的话，就能做出很多事情，没有这种品德的支持和支撑，做不出这么多事情来，我认为这是潘老师最重要的人格和品质。

访谈时间： 2013 年 5 月 25 日
访谈地点： 北京舞蹈学院研究生部主任办公室
访谈人： 郭瀚繁（北京舞蹈学院 2011 级研究生）

同样的理念，共同的目标

——梁国城艺术总监访谈

【人物介绍】梁国城，现任香港舞蹈团艺术总监。曾主演舞剧《东海奇缘》、《新镜花缘》等，其后担任排练导师。作品有大型舞剧《周璇》、《自梳女》、《易水寒》以及与著名舞蹈家舒巧合编的《胭脂扣》。曾任"世界之窗"香港中秋晚会的艺术总监，1997年香港回归政府大球场庆祝祈福大会舞蹈统筹等重要职务。梁先生一职，致力引领香港舞蹈团迈进一个新里程。

【访谈简介】梁国城先生多年来一直处于香港舞蹈工作的最前线，并一直致力于香港舞蹈的发展。同时与潘志涛老师是旧相识，在自己努力发展香港舞蹈事业的同时，也了解潘志涛老师对香港等海外舞蹈的发展展望与一些相关的工作。在采访的整个过程中，我们可以从多方面、多角度深入地了解梁国城先生眼中的潘志涛老师，也可进一步了解香港等海外中国舞蹈市场的发展现状与发展方向的想法与看法。这对身在国内学习舞蹈的莘莘学子，提供了一个了解海外中国舞蹈市场的发展规律与模式的同异对比。同时，对中国舞蹈事业的发展也起到一定的作用。

杜恩妤：梁国城先生，很感谢您百忙中抽空接受我对您的采访。您可以和我们说说您是什么时候与潘老师结识的吗？你们之间有一些什么有趣事的事情或者是经历让您印象深刻的呢？

梁国城：我和潘老师认识的时间是在很早以前了，我们是认识以后才有文化大革命的，所以应该是在《东方红》完了以后1966年左右的时候认识的。与潘老师认识是在广州，我们的结识还蛮有趣的。他的太太和我的太太两个人都是当时广州市歌舞团最早建团时的演员，听说刚建团的时候就只有三位女演员在团，其中一位就是潘老师的太太，另一位就是我的太太。因为她们都在同一个工作单位工作的原因，我去看女朋友的时候，潘老师也是去看女朋友，所以就这么大家在一起认识了，后来在一起吃饭、聊天，大家就开始熟悉，然后潘老师也看过我演出，当时跳的样板戏潘老师都看过。

杜恩妤：听潘老师说过，那时候在广州的演出好像是七人小分队，跳的都是文化大革命时期政治需要的样板戏，对吧？

梁国城：对，他们是在"文化大革命"的时候组建的七人小分队，然后跳样板戏，就这么一直跳到了广东，所以有那么一个时期的事件铺垫，让我们有认识的机会。那时对我们来说都是蛮好玩的，大家都很年轻，大概都是二十几岁的样子，潘志涛老师正是意气风发的时候，并且能说会道，所以大家一见面就成为很好的朋友。一直到现在，大家都在自己的事业领域有了不同的成就与贡献，我是非常敬佩潘老师对事业和对舞蹈的贡献，可以说是桃李满天下。

杜恩妤：梁先生，您是一直在香港从事着舞蹈事业的对吗？

梁国城：对，但我也是从内地来到香港开始从事舞蹈事业的，不过这也是很早以前的事情了。我来香港的时候是 1979 年，所以我在香港从事舞蹈事业也有 30 多年了。曾经有过那么一段时间我与潘老师是失去联系的，他在北京，我在香港，各自都在不同的地方，面对着不同工作需求，繁忙的我们所以在联系上有过一段很长时间的中断期。真的很久，很久，大家都没见过面，在我印象当中差不多有十几、二十年没见到他。

再一次重逢是我排《清明上河图》期间，一次彩排潘老师突然间坐到了我的身后，我回头一看甚是惊喜，潘老师和他太太一起怎么会出现在我身后呢？当时潘老师是来香港旅游的，刚好看到有我的演出就过来了，当潘老师看完我排的《清明上河图》以后，他很激动地和我说这剧很好，正因为这样的一次重逢就促成后来潘老师帮我把《清明上河图》这个舞剧带到了北京演出，还做了很多的工作。这些事让我感觉到这位老朋友，不管时间有多长，只要一见面就能够互相之间有非常多的支持和帮助。

杜恩妤：梁先生，您和潘老师认识那么长的时间，虽然两人都是在不同的地方开始奋斗自己的事业，但在那么长的时间中您和潘老师在工作当中有没有过一些合作呢？

梁国城：有的，当时因为潘老师来香港，我们团正在排节目，需要排一些南方的民间舞蹈，比如：英歌等。潘老师义不容辞地就帮助我们，给香港舞蹈团的团员们教了一些南方的民间舞蹈。潘志涛老师是民间舞蹈的教授，所以在我们需要的民间舞元素中，他给予我们很多地道的元素建议，并在此期间我们还请他和我们香港舞团合作一起编排了一个小型的广东民间舞剧，在香港推广上演，我们之间的合作是非常愉快的。

杜恩妤：梁先生，潘老师经常会来香港教课，并且现在每年他都会来到香港参加一些舞蹈的推广活动，您觉得潘老师目前和香港舞团还存在着什么样的一些关系呢？

梁国城：潘志涛老师现在是我们香港舞团少年儿童团的艺术顾问，他也是我们香港舞蹈团的导师，更准确地说他应该是民间舞方面的导师。他给我们的团员上过很多民间舞的课程，还给我们团的演员指点出在民间舞状态中需要注意的体态和韵味等。

不仅如此，潘老师也和我们团很多的编导一起排过舞蹈节目，潘老师是我们建团以来联系最频繁、时间最长久的老朋友。他在我们团的身份是一位老师，一位编导，更是一位有着深厚感情的老朋友，有很多的活动他都有参与，香港舞蹈团从建团开始就与潘志涛老师有着密切的联系与深厚的关系。

杜恩妤：梁先生，您觉得潘志涛老师对于香港舞团，乃至香港舞蹈界有着哪些帮助或者是贡献呢？

梁国城：说到这个潘老师的贡献那就大了。潘老师早期在香港舞蹈界（70年代初到70年代末）就已经开始活跃，在香港的中国舞这个圈子里当我们还没有专业的团体时候，潘老师就已经开始举办过一些活动了。后来我们有了专业的团体以及我们的一些舞蹈联会、舞蹈的各个社团后，潘老师都很热情地去传播教育并推广中国民族民间舞蹈。

这些都可以说明潘老师是香港推广中国民族民间舞蹈的开创者，他对中国的民族民间舞的传播是系统的，是有学术研究的，更是以一定舞蹈理论为基础来推广传播的。香港中国舞蹈道路的开创者潘志涛老师必是其一，是他带着中国民族民间舞深厚文化底蕴来到香港的。所以，从那个时候开始，香港就慢慢地掀起了一阵学习中国民族民间舞的潮流，并且也开始蓬勃发展起来。

杜恩妤：刚刚梁先生您也说到，潘老师是香港舞团附属的儿童团、少年团、青年团的艺术顾问，您觉得潘老师对香港舞蹈界除了是一位开创者之外，对香港舞蹈的发展起着什么样的影响吗？

梁国城：说实在的，潘老师的贡献就在于他长年累月一直兢兢业业，坚持不懈地奋斗在中国民族民间舞蹈的教育事业上。正是如此让他桃李满天下，以致香港到世界各地都有他的学生，从而影响到大中华。现在很多奋斗在舞蹈事业前线的都是他的学生，他们深受潘老师的影响，传递着潘老师一直传递的理念，潘老师直到现在都还是会不间断地来香港乃至各地做指导工作，这对中国民族民间舞蹈事业的海外发展做出了很大的贡献。

所以，我总是会那么说：潘老师是一位热心于中国民族民间舞蹈事业的播种者，是一位热情洋溢的导师，他的思想状态与精神面貌给后辈留下很多很好的榜样。潘老师不只是拥有他的知识，更重要的是他有着一副超出一般人的魅力和热情，这种魅力和热情感染了着每一代的学生和老师，并推动着中国舞蹈事业的发展，我认为这一点真的很重要。

潘老师自己没有任何条件，也不讲求任何条件，更不在意职位名利的高低。他不分类别的教育着，不管是小学生、中学生，或者是大学生，还是朋友或老师，他作为一个专家级的导师都是一视同仁地对待，他的热心推动了这个事业的发展和帮助需要帮助的人们一起前进。我觉得这点，在中国舞蹈界里潘老师确确实实是做了个很好的榜样。所以，每次和潘老师见面的时候，我都会这么和他说：潘老师，您首先一点就是做人的心态好。只有有了这种心态，才会有这样的热情；有了这种热情，才会有这样的毅力；有了这种毅力，才会有了今天的成就。所以我觉得，他是真正拥有着一颗阔达的心面对着这个世界的，做到这点是很难得的，这个值得更多的人去学习。

杜恩妤：梁先生，潘老师是这样一位老师，您作为老师，作为编导，更作为领导也同样这么的和蔼可亲与阔达。潘老师多年来一直在中国民族民间舞蹈的教育事业奋斗，他一直强调着："民族的就是世界的。"更希望将中国民族民间舞蹈推向世界，您对于这么一个想法与作法是如何看待的呢？

梁国城：我是 1979 年就来到香港这个地方了，在这里看着中国的文化和西方的文化一次次地冲击和融合，感受是特别深的。中国的民族民间舞是源于民间，其舞蹈的种类繁多，更有着浓郁的风格特色，并带有浓厚的地方色彩。记得 2008 年北京奥运开幕式前的演出，我们有幸也参加了北京奥运开幕式前的晚会，这个机会也是潘老师给我们带来的。那个时候，我带着我们的队伍去彩排排练时，潘老师是那个开幕式前演出的总指挥和总导演。

当我坐在观众席中看完那天的彩排，我掉下了眼泪，我的心深深地被感动了。中国 56 个民族蕴涵着这么多丰富的民族民间舞蹈语汇，而且当时的展演节目都是及其有风格和有水平的，并不是我们常见的一般广场舞蹈艺术，那些节目的呈现都是可以真正踏上舞台，具有感染力的艺术，所以在当时的那一刻，我想世界哪有一个国家，哪有一个地方能够有我们中华文化那么的繁荣。我们完全可以用自己的肢体语言来诠释一个国家的强大，所以在那个时候我更确定一点，就是中国文化必须要和世界接轨。

从那时候开始我就在想，为什么人家总说中国的东西落后呢？其实中国的东西并不是落后，而是因为自己没有很好地向前推进，一直单纯地保留着自己的东西是不够的，艺术必须是要有发展，有推进的。所以，潘老师在很早之前就意识到了这点，并在这个方面做了大量的工作来推动。从 2008 年北京奥运会开幕式前的演出节目中我们就已经可以看到中国的艺术有了很大的提高，我觉得在推动和发展方面只要我们努力去做，世界一定会被中国的文化所感动。

虽然我们身在香港，但其实我们现在每天也都是在努力地从事着这方面的工作，尽自己最大的努力朝着这个方向去推进。所以，在这方面其实潘老师是做了很多的事情去推动，主要是想让每一位中国人都知道故步自封是不行的，当时之所以感动正是因为我真实地感觉到自己的祖国拥有着这么丰富的东西。我们的东西不应该被别人说是落后的东西，因为我们可以从美国的舞蹈，或者世界上那些出名的舞蹈里看到，其实它们并没有很多的素材，更没有多少东西可以去纵横衍生发展，甚至现在在面对发展时都开始运用一些黑人的舞步去搞所谓现代舞的一些编创。

搞现代的东西其实并不复杂，因为它只需要一些动作的重复和简朴动律的组成。我们中国之所以会被别人觉得落后，主要是因为抱着原有的东西，没有再在当代的美学时代变化中去发展自己的艺术，所以在这方面，当时的我是有很多感触的，并且也影响到了我们香港舞蹈团，让我们考虑到如何带领这个团体走出一条世界的道路，让民族的东西真真正正可以踏上世界的舞台，成为一种强有力的桥梁。所以，我们在这方面也在很努力地做一些新尝试和推广传播的工作，这与潘老师和我们联系的那么密切有着一定的关系。

杜恩妤： 梁先生，您一直在香港舞蹈圈的前线奋斗着和引领着，可否请您谈谈香港或海外舞蹈市场的发展状况呢？你对这样的一个市场有着什么样的看法与想法呢？

梁国城： 从香港舞蹈团建团开始，从在这里当演员到现在做到艺术总监，其实这一路走过来都是有很多代艺术总监的共同努力。很多届的艺术总监带着自己的抱负来到这里努力建造一个有中国舞蹈的香港特色舞蹈团，但是这条路是不好走的。因为一直以来世界任何一个国家都是在寻找着文化传统与创新的一个出路，希望找到两者融合的一个新高点。

但是这个高点永远都不会停留和静止，正因为有这样的一个准则，所以推进也是困难的。我们面对着现在这样的状况，就是想努力地将中国舞蹈与当代的视觉美术，当代的人文情感相融合，将民族文化往世界的道路上推进，这就是我们目前最主要的事情。其实我觉得现在港澳台在这方面的发展其实是蛮快的，而且从舞蹈的情况来看是大步向前走的，所以形成一些舞蹈在国际上具有一些影响力，并占有一定的地位。像台湾云门的林怀民，还有很多的舞蹈团体：像香港舞蹈团、香港城市当代舞团、澳门舞蹈团等等都是努力朝着这个方向前行，他们所做出来的努力多少都会影响着世界舞蹈的发展。

所以香港舞蹈团还会一直坚持一个方向，那就是以中国文化为根基，用中国舞蹈语汇为基础的一个发展方向去发展，这是我们团所要实行的一个艺术宗旨。其实我一直都在讲一件事情，我现在不是就现代舞、芭蕾舞这些学科来讲，因为它们都有自己的发展方向与想法。

就中国舞在香港的发展来讲，其实香港学习中国舞的人还是很多的，每年都有中国舞的舞蹈比赛，校际舞蹈比赛等，并且这样的比赛已经举行将近三四十届。各个学校学习中国舞的势头都在蓬勃发展，中小学生学习中国舞的人还是很多，但到了高中、大学就开始逐渐减少，这种情况的原因是什么呢？其实这主要的原因就是中国舞蹈在传播教育的时候，没有用更浓郁、更深刻地文化做底蕴去栽培学员对这个舞种的兴趣爱好，更多的时候是运用单一动作的训练模式去教育，这让那些大一点的年轻人看不到中国舞蹈的深奥之处，吸引力也开始减少了。

所以慢慢地就发展到学习中国舞的人减少，其实这样的状况也同时影响到一部分观看演出的观众层面。教育与创作是有相关联系的，教育其实很重要，更多的时候教育需要赋予学生更多的思想，舞蹈教育不可以刻板的赋予动作，如果这样，舞蹈就慢慢地落末了，所以这点是很重要的。包括有时和潘老师在一起讨论的时候，我都会将自己的看法说出来与他一起交流。中国舞蹈要向港澳台，甚至海外发展，有着潘老师和您这样的前辈们一直引领着，作为后辈的我们更要紧紧跟随着你们的脚步去努力，只要在教育与创作上面都有着这样一个共同的理念，相信中国舞蹈海外事业的发展一定会更好。谢谢，梁先生百忙中抽空让我对您做了一个简短的采访。

访谈时间： 2012 年 8 月 21 日
访谈地点： 香港舞蹈团艺术总监办公室
访谈人： 杜恩妤（北京舞蹈学院 2011 级香港研究生）